古代歷史文化研究輯刊

四編

王明蓀 主編

第33冊

司馬遷的歷史哲學

劉國平 著

國家圖書館出版品預行編目資料

司馬遷的歷史哲學／劉國平 著 — 初版 — 台北縣永和市：花
木蘭文化出版社，2010〔民99〕
序 4+ 目 4+152 面；19×26 公分
（古代歷史文化研究輯刊 四編：第 33 冊）
ISBN：978-986-254-253-8（精裝）
1.（漢）司馬遷 2. 史記 3. 學術思想 4. 歷史哲學
610.11 99013205

ISBN - 978-986-254-253-8

9 789862 542538

古代歷史文化研究輯刊
四 編 第三三冊 ISBN：978-986-254-253-8

司馬遷的歷史哲學

作 者 劉國平
主 編 王明蓀
總 編 輯 杜潔祥
印 刷 普羅文化出版廣告事業
出 版 花木蘭文化出版社
發 行 所 花木蘭文化出版社
發 行 人 高小娟
聯 絡 地 址 台北縣永和市中正路五九五號七樓之三
電話：02-2923-1455／傳真：02-2923-1452
電 子 信 箱 sut81518@ms59.hinet.net
初 版 2010 年 9 月
定 價 四編 35 冊（精裝）新台幣 55,000 元

司馬遷的歷史哲學

劉國平　著

作者簡介

劉國平福建省連江縣（馬祖）人，1959 年生，馬祖高中畢業，曾就讀台北工專土木科。預官役畢，即從事北迴鐵路拓寬工程，後考取鐵路特考及電信特考。1984 年進中華電信，之後半工半讀，歷中興大學歷史系（夜間部）、中文系（主科二十學分）、逢甲大學中研所，最後畢業於臺灣師大國文所博士班。2001 年取得文學博士學位，次年離開服務十七年之中華電信，進入大葉大學通識教育中心。目前為該校空間設計系專任助理教授。著有《華人社會與文化》（文化思想篇）及〈史傳文學的理論建構〉、〈孔門三英與聖人之淚〉、〈「有教無類」是「現象表述」而非孔子「教育理想」說〉、〈子路冉有公西華侍坐章新析〉、〈論襄公二十九年吳子使札來聘〉、〈老子無死地解〉及〈中國傳統醫家的醫德考察〉等論文十餘篇。

提 要

　　本論文係以歷史哲學之觀點，闡發司馬遷《史記》一書之內容。全文凡分八章：首章緒論，界介歷史哲學的意義並略述西方歷史哲學的發展、派別與歷史哲學如何可能，次及本論文之研究動機、方法、原則與研究範圍等。次章從歷史的人、事方面論述司馬遷的歷史廣度與深度並探討司馬遷撰史敘事的詳略原則及其著史所受到主、客觀方面之限制。三章敘述司馬遷以黃帝為第一個進入中國歷史的人物，其中所顯示的歷史理念或基本義例，並探討他著史的方法意識與客觀意識。四章探討司馬遷撰寫《史記》的史料來源，對史料如何加以考證、批判等，最後論及司馬遷的歷史選擇的標準。五章論述司馬遷解說歷史的方法、歷史假設與歷史想像之運用、對歷史偶然之看法以及其筆下的歷史教訓。六章首先回顧前人探究司馬遷所究天人之際的成果，並指出其中的偏失，進而提出探究司馬遷天人思想，必須從〈天官書〉切入之理由，並以其時代與家庭為背景分析其思想所以轉變分歧之故，最後指出對立的天人思想何以在《史記》中能並立之理由，以及司馬遷如何擺脫天人思想的糾纏，而以落實人生於盡人事之處如何可能作為結論。七章探析司馬遷所通的古今之變：先瞭解司馬遷通古今之變的目的與方法，而後指出其所通古今之變的內容及人們於歷史中所知之常與如何應變之道。八章結論指出司馬遷歷史哲學的意義與價值，間及其歷史哲學之地位與影響。

目次

自　序

　　花天酒地，蕩子銷魂之鄉；群經諸史，儒者寄命之典。蓋人性雖類，而緣情各別。是以承平之世，不乏亡國之音；貪婪之邦，亦夥向學之士。慕古道之顏色，試稽載籍；明往聖之絕學，何必昔賢。翁歸乃居中自見，充國曰：「莫若老臣」。竊景前休，不復量力。

　　群史之祖，厥爲二經。《尚書》傳言，條理簡省；《春秋》明事，綱舉義張。三傳繼起，《左氏》獨芳。下逮遷書，竟垂式範。蓋史遷之著書也，受古文之師教，承家學之淵源，歷九州之山川，友燕趙之豪傑，益以其父臨終之遺命，更緣陵案被刑之刺激，用述往事，而思來者。盡一己之職志，當萬世之明燈。遂乃網羅古今，上下千載，開紀傳之先河，繼編年之大體，精指二道，實統六家。勒成一書，分爲五體：本紀序帝王而詳興廢；世家紀侯國而著存亡；十表繫時事而定代系年封；八書詳制度而贊陰陽禮樂，至於列傳則誌人物而忠孝節義咸表也。

　　遷書既成，自以爲拾遺補藝，成一家言；協六經之異傳，齊百家之雜語。於是藏之名山，副在京師，而俟後世之聖人君子焉。然其著比諸班書，微爲古質，故漢晉名賢，未知見重，晉季宋初，始有徐廣《音義》、裴駰《集解》。自茲而返，究者稍聞。有唐之世，鑽研之士寖多，自宋迄明以及於清季民國，百氏窮研而異采大放，然以史學多端，碩學鴻儒，各鳴其說之餘，亦見馳騖八荒之論。其論史公之歷史哲學者，或歧出而離旨，或偏究而不全。蓋研史學者每主於事實，而習哲學者或入於空想。理性浪漫，易趨極端。故植基文史，緣情體物，而究史公之歷史哲學焉。

　　維「歷史哲學」，詞自西來，義有多端，須先介界，而爲文論述，必有所

由，爰及方法原則。作〈緒論〉第一。

維史公敘事，上下古今，包羅萬方；詳略有度，疏密有則；解析論斷，咸有深度。然洪荒縣邈，古籍亡闕，或人心難盡，或因果糾纏；緣百密而一疏，故誤謬亦時睹。作〈司馬遷的歷史廣度密度深度與限度〉第二。

維國史之肇，斷自黃帝，庖、農不與，寧無深意；五體建構，頗蘊方法之意識；價值判斷，實藏客觀之性質。作〈司馬遷對歷史的一些基理念〉第三。

由史料而史實，必經考證、批判與選擇之歷程。作〈司馬遷的歷史選擇〉第四。

歷史之可曉，蓋緣解釋。推論歸納，並史公解釋之方法；想像假設，亦司馬解釋之要件；理不可恃者，歷史之偶然；必有足鏡者，歷史之教訓。作〈司馬遷的歷史解釋〉第五。

維史公所究天人之際，未曾明言。前賢所述，或義非精當，或論失一偏；正本清源，宜自〈天官〉，轉向紛歧，有跡可循，袪虛妄，剖事理。作〈司馬遷所究的天人之際〉第六。

維盛衰互轉，質文代變，欲觀史公所通古今治亂相循相救之跡。作〈司馬遷所通的古今之變〉第七。

前所陳篇，頗涉米鹽；要其旨歸，可得而言。作〈結論〉第八。

維國平生前線之戰地（馬祖），居文化之邊陲。自台北工專土木科畢業以來，轉習歷史，再治中文，學已淺雜矣。矧無哲學之深基，竟論史公之歷史哲學。所謂不工劍術而欲彈干將、莫邪之鋏者也。幸　李師威熊、　陳師熾彬，敦敦訓誨，殷殷諟正，用能免乎傷手斷指之患，而辭於優孟衣冠之譏也。然以後學末流，啼聲初試，其有五音不全──見聞未周、思慮未密、智慧未至、功夫未盡、謹慎未逮──之敝明矣。博雅君子，進而教之，則幸甚矣。

嗟乎！光華易晚，學程足味，回首卅載工讀之途，良師益友，惠余實多。蚤如小學之王頌安老師，近如大學之余文堂老師、研究所之　李威熊老師、陳熾彬老師、羅宗濤老師、胡楚生老師、莊萬壽老師、戴瑞坤老師，　渠等或為春風大雅，或為鴻儒碩學，咸余所嘗承教而景仰者也。好友陳彥勳、陳書安、王克全、許其洪等，或嘗甘苦與共，或為謀同道合。珍此世間情份，亦當永矢弗諼。文稿打字，何秀鳳小姐偏勞，費心耗時，辛勞可感，於此一併謝之。

　　尤不敢或忘者，平年四歲，　嚴君見背，賴　母氏劬勞，撫我育我，始克有茲。論文寫作期間，內子游素娥女士，教子持家，亦辛苦備嚐。而絕難能者，婆媳二人雖語言不通，卻相處和樂，某平生所慰，已莫或過此。論文殺青斯竟，感激之情盈懷。謹呈書慈　母，並敷告知己。

中華民國八十二年五月　連江後學劉國平序于台中景遷齋

第一章　緒　論

第一節　歷史哲學介說

　　「歷史哲學」一詞基本上是西方的東西，因此在這裡稍微予以介說。

一、歷史哲學的意義

　　人之所以自覺其爲人，是因爲他能「思考」，而且這種思考，必然含有歷史性，否則他就不具有思考的基礎。人生又永遠在決定著下一步要如何走。在一個行動開始之前，他永遠有個判斷。所有的判斷造就了行動，所有的行動累成了歷史。從幾千年生活的經驗裏，有些人學會了長遠的思考，這種思考的不斷擴大加深，而終至對全體人類歷史的過去、現在與未來的可能發展加以綜觀。在歷史的長河中，一些人「想像出一種連續的決定論」，〔註1〕去解釋人類歷史的進化與規律。他們「排除了偶然的事件，壓縮了多元性，並描繪出一幕演化過程或者一種宿命的辯證法」。〔註2〕然後從歷史進化與規律之中說明了歷史到底有何意義？最後將何去何從？並且連帶的決定了歷史的特質。凡是探究以上這些問題的學問，就叫歷史哲學。這是西方傳統上對「歷史哲學」一詞的定義。這種意義的歷史哲學是「專指整個歷史過程的『純思辯處理（specnlative treatment）』，而處理的目的，則是企圖一勞永逸地揭發歷

〔註1〕法國的批判歷史哲學家雷蒙・阿隆（Raymond Aron, 1905～）認爲科學制訂出一種不連續的決定論，而哲學則想像出一種連續的決定論。見張文傑編譯之《現代西方歷史哲學譯文集・科學與歷史哲學》（台北：谷風出版社，民國76年），頁85。

〔註2〕引同註1。

史的秘密」。〔註3〕然而在他們作出歷史解釋與因果關係等理論的時候,某些人也考慮到是什麼力量促使歷史奔向目標。也就是說歷史的動力是什麼,也納入了探討的範圍。

　　隨著人類知識的進步,尤其是科學的發展,引發某些人去重新檢驗歷史思考的方向,使得歷史哲學的意義有了重大的轉變,而注意的焦點也移到下列的四類問題上:(一)是關於歷史知識性質的問題,即歷史與其他類型的知識有何不同?又有何關係?(二)什麼是歷史上的「真實」?它們與「歷史事實」有何關連?(三)歷史的客觀性如何?或者說是否能建立科學般的客觀性?(四)歷史解釋的性質是什麼?歷史解釋有無特殊性?是否歷史解釋只有一種,就是科學演繹的普遍性解釋。〔註4〕換言之,探究類似以上有關歷史知識與方法等問題的學問,成了歷史哲學的新義,但他們並未放棄歷史哲學的傳統意義,而稱新義的歷史哲學為「批判歷史哲學」(因對歷史知識的性質與研究方法的批判而得名)。

　　二十世紀前期,由於邏輯經驗論(logical empiricsm)的影響,導致一些學者開始以解析的觀點去探討歷史知識的理論基礎。他們所持的利器是分析哲學的工具,包括了符號邏輯、語言哲學、科學哲學等。由於前此批判歷史哲學已提供了研究的素材,因此,他們注意的問題也集中於三大部分,即「歷史解釋」、「價值判斷」及「方法論的個體論與整體論」等,這就是所謂的分析歷史哲學。〔註5〕

　　近數十年來,人類在經濟學、社會學、心理學、人類學等知識的整合上有長足的進步,歷史哲學家也從各個層面、角度、方向,來考察歷史,至此幾乎一切與歷史有涉的思考皆可納入歷史哲學的範疇。

　　由以上所論可知,歷史哲學的意義有其多樣性,而隨著知識的進步及探究方向與範圍的不同而有不同的解釋。不過歷史哲學仍可歸納為三個方向及層次的意義:〔註6〕

　　1.歷史哲學即「史觀」或稱「歷史解說」。其目的,在為歷史的過程提供

〔註3〕 W. H. Walsh 著,王任光譯,《歷史哲學》(台北:幼獅文化事業公司,民國77年),頁4。

〔註4〕 此四類問題之歸納參見註3,頁8～17。

〔註5〕 黃進興著,《歷史主義與歷史理論》(台北:允晨文化實業股份有限公司,民國81年),頁120～132。

〔註6〕 參見簡後聰著,《歷史學的本質》(台北:五南圖書出版社,民國78年),頁54。

一個綜合解說的系統，陳示歷史過程的意義、性質與終極的歸宿。

2. 歷史哲學可代之以「歷史知識論」及「歷史方法論」。探討的是歷史知識有無客觀可能，或其客觀的程度如何？歷史的選擇、連貫與解釋以及方法論等問題。

3. 泛指一切關乎歷史的「哲學性」思考。

二、西方歷史哲學發展與派別略述〔註7〕

歷史哲學一詞，雖發端於十八世紀的伏爾泰（Voltaire, 1694～1778 A. D.）但其發展過程則可再往前溯源至第四世紀的聖奧古斯丁（St. Augustine, 354～430 A. D.）。大體上說，從這裡開始，歷史哲學的發展，經歷了從思辯歷史哲學到批判歷史哲學和分析歷史哲學的過程。

思辯歷史哲學所探究的是歷史演變的過程，以求得歷史發展的原則、規律或「藍圖」與推動此發展的力量，以及歷史的終極意義、文明性質的闡釋等。這就是一般傳統所稱的歷史哲學，在西方這一派歷史哲學已漸趨式微，但仍有其重要性。

思辯歷史哲學的代表人物，從《天主之城》一書的作者——聖奧古斯丁開始，其後包括維科（Giambattista Vico, 1668～1744 A. D.）、康德（Immanuel Kant, 1724～1804 A. D.）、黑爾格（Georg W. F. Hegel, 1770～1831 A. D.）、史賓格勒（Oswald Spengler, 1880～1930 A. D.）、索羅金（Pitirim A.Sorkin, 1889～1968 A. D.）、湯恩比（Arnold Toynbee, 1899～1975A.D.）等，都是屬於這一系統，但這些人都各有其對歷史發展的不同看法與解答。

批判歷史哲學始於十九世紀日耳曼境內的歷史學家蘭克（Leopold Von Ranke, 1793～1886）、狄爾泰（Dilthey, 1833～1911 A. D.）等。他們懷疑思辯歷史哲學的合理與妥當性，其所關心的不是歷史演變的法則、動力及歷史的意義，而是歷史知識的性質與研究方法的批判等。這一派的代表人物是西南學派的文德爾班（Windel band）和李凱爾特（Rickert）以及狄爾泰、克羅齊（Benedtto Croce, 1866～1952 A. D.）、柯靈烏（R. G. Collingwood, 1889～1943 A. D.）等。其中克羅齊與柯靈烏貢獻尤著。柯靈烏著有《歷史的理念（The

---

〔註7〕 本小節主要參考 R. G. Collingwood（柯靈烏）著，黃宣範譯《歷史的理念》、黃進興著《歷史主義與歷史理論・分析歷史哲學的形成與發展》、董進泉等著《歷史學・當代外國歷史哲學流派概述》、王任光譯《歷史哲學》、蔡石山著《西洋史學史》及簡後聰著《歷史學的本質》。

Ideas of History）》一書，認為歷史即過去經驗的重演。也就是說，歷史的認知是過去歷史人物的思想在史家心中的重演。他的名言是「整個歷史就是思想的歷史」。他認為哲學是關于思想的思想，所以歷史哲學是歷史思維的反思。

批判歷史哲學，如果具體的來分，又可分為批判歷史哲學與分析歷史哲學。這兩者研究之主題或傾向大致相同，但哲學的立場，則有明顯的差異。前者可以說是觀念論者，而為唯心主義的歷史哲學。後者則屬於分析哲學的一部分，而為新實證主義者。

1942 年，韓培爾（Carl. G. Hempel, 1905～）所發表的〈普遍定律在歷史中的作用〉（The Function of General Laws in History）及 1938 年曼德爾鮑姆（Maurice H. Mandelbaum, 1908～）的〈歷史知識的問題〉（The Problem of Historical Knowledge）二文被視為分析歷史哲學的開始。分析歷史哲學使用分析哲學的符號羅輯、語言哲學、科學哲學等解釋之工具來探討歷史解釋和歷史知識的客觀性問題。並強調歷史學與自然科學的統一性。這一派歷史哲學的代表人物有波普爾（Sir Karl R. Popper, 1902～）、韓培爾（Carl Gustav Aempel, 1905～）、貝爾德（Charles A. Beard, 1876～1948 A. D.）、貝克爾（Carl L. Becker, 1873～1945 A. D.）、曼德爾鮑姆（Maurice H. Mandelbaum, 1908～）等。就某些方面而言，他們可以說是承十九世紀的實證哲學而來。蓋十九世紀的實證主義者，追求實證主義的精神，致力於確認可能範圍內的一切事實。但他們始終未能進入實證世界的第二步——建立通則，直到這些新實證主義的分析歷史哲學家起來。這些抱持新實證主義的分析歷史哲學家所謂的歷史解釋不是那種一般常識的解釋，而是根據社會學、人類學、語言學、心理學、經濟學等總結出來的通則或定律來解釋，因而促使了歷史學與其他社會科學的結合。

批判歷史哲學後來在法國，又有馬魯（Henri-Irence Marrou, 1904～）將之與歷史編纂學融合。之後存在主義歷史哲學興起，代表人物為德國之雅斯貝斯（Karl Jaspers, 1883～1969 A. D.）及法國之沙特（Jean-Paul Sartre, 1905～1980 A. D.）。其後以列維斯特勞斯（Clande Levi-Strauss, 1908）及福科（Michel Foucault, 1926～1984 A. D.）為代表的結構主義歷史哲學興起，自此西方歷史哲學轉而強調歷史敘述的結構及意義。

三、歷史哲學如何可能〔註8〕

牟宗三先生解釋歷史哲學，以爲以事理爲對象，而予哲學的解釋，便是歷史哲學。而這事理之事，要不使之變質，必須哲學地加以解釋，以免「物化」。這是歷史哲學所由建立的關鍵觀念。因爲物化之後，歷史不是化成一大堆文獻與材料，就是歸於物理事件，那麼歷史的意義也就泯滅了。然而如何探求這個事理，並予以哲學的解釋，則必探求「集團生命底活動過程」，因爲這個集團生命底活動，不論其自覺與否，均有一理念在後面支配。例如《史記・儒林列傳》就說：

> 及至秦之季世，焚《詩》、《書》，阬術士，六藝從此缺焉。陳涉之王也，而魯諸儒持孔氏之禮器往歸陳王。於是孔甲爲陳涉博士，卒與涉俱死。陳涉起匹夫，驅瓦合適戍，旬月以王楚，不滿半歲竟滅亡，其事至微淺，然而縉紳先生之徒負孔子禮器往委質爲臣者，何也？
> 以秦焚其業，積怨而發憤於陳王也。

如果把諸儒因「秦焚其業，積怨所以負孔氏之禮器往歸陳王」的這個理念除去，不但沒有事理可說，這一段的歷史也就不會存在了。

一般而言，事理是歷史哲學可能的客觀依據，而辯證直覺的具體解悟。則是歷史哲學可能的主觀依據。因爲自然科學所提供的是抽象的、普遍的知識，而歷史所提供的乃是具體的、個別的知識。科學裏所說的事實，通常可以加以直接地觀察與檢驗，然而歷史卻不能重演，因此對於具體與個別的歷史事件，也必須「獨一無二」地了解其意義，但並非所有的史家對此「獨一無二」的了解，皆是同樣的深刻與恰如其分。因此見之於歷史著作，即有高下的不同，這是一種「辯證的直覺」的具體解悟，這是智慧，或說是史識。

更深廣一些，我們可以從歷史的意義來看歷史哲學如何可能。因爲「歷史」可以指全體人類的「活動」，也可以指全體人類活動的「紀錄」。從這裏出發，開闢了歷史哲學的兩個可能方向：

（一）就全體人類的活動而言

如果對歷史人物的行爲加以規範，而問「人應該如何」，以此去衡斷裁量歷史，則所有歷史必然被二分爲「合乎道德」的與「不道德的」，那麼大部分

〔註8〕本小節前半，主要參考牟宗三著，《歷史哲學》三版自序（台北：學生書局，民國 77 年）。

的歷史必在「歷史選擇」中遭到抹去。故要如實的呈現歷史,除了道德判斷,還必須有歷史判斷。梁朝的劉勰不明白這個道理,所以會批評司馬遷,說他「愛奇反經之尤」。〔註9〕何謂歷史判斷,就是具體的解悟「集團生命之理念所產生的作用或在歷史中的意義」後,加以辯證地鑑別。這種鑑別,不同於承認既成事實,因為承認既成事實只是一般的「知識的判斷」。

　　道德判斷會使部分的歷史消失,知識判斷會物化歷史,唯有歷史判斷「才能見歷史的可歌可泣」,才能「令人起蒼涼之悲感」。然而「千迴百折,總期向上」,所以又不能光講歷史判斷,也應有道德判斷,才能指出歷史的不足處。否則如「盜蹠的日殺人不辜,肝人之肉,暴戾恣睢,聚黨數千人橫行天下,竟以壽終(〈伯夷列傳〉)」,就無法在歷史中予以適當的批判。人生行善自修的意義,在歷史中也找不到著力處。那歷史也就沒有記述的價值了。

(二)就全體人類活動的「紀錄」而言

　　我們可以對歷史思考加以反省或再思考,歷史家在思考歷史事件時,他必也同時對自己的思考加以反省,例如司馬遷於檢查有關資料,經過思考選擇編纂成〈五帝本紀〉之後,他就有一段對其思考過程的反思,他說:

> 學者多稱五帝,尚矣。然《尚書》獨載堯以來,而《百家》〔註10〕言黃帝,其文不雅馴,薦紳先生難言之。孔子所傳〈宰予問五帝德〉及〈帝繫姓〉,儒者或不傳。余嘗西至空桐,北過涿鹿,東漸於海,南浮江淮矣。至長老皆各往往稱黃帝、堯、舜之處,風教固殊焉,總之不離古文者近是。予觀《春秋》、《國語》,其發明〈五帝德〉、〈帝繫姓〉章矣,顧弟弗深考,其所表見皆不虛,書缺有間矣。其軼乃時時見於他說,非好學深思心知其意固難為淺見寡聞道也,余并論次,擇其語尤雅者,故著為本紀書首。

這一段話,有著開宗明義的意義,而他對歷史思考的加以說明,顯示了一定

〔註9〕 見《文心雕龍》,卷四〈史傳篇〉。劉勰說:「爾其實錄無隱之旨,博雅弘辯之才,愛奇反經之尤,條例舛落之失,叔皮論之詳矣」。不過最先說司馬遷「愛奇」的是楊雄。他的《法言》,卷十二〈君子篇〉說:「文麗用寡,長卿也;多愛不忍,子長也。仲尼多愛,愛義也;子長多愛,愛奇也」。至於說司馬遷反經的才是班固。

〔註10〕《漢書‧藝文志》諸子略小說家有《百家》百三十九卷,張大可以為即此。見氏著《史記論贊輯釋》(陝西,人民出版社,1986年8月),頁45。今推文意,合。從之。

程度的反思。有了對歷史思考的反思，歷史哲學也就有了新的可能。

前述之「事理」，「具體的解悟」及「歷史判斷」三點是思辯歷史哲學與批判歷史哲學所以可能的共同依據，而對思考或思想的反省，則為批判歷史哲學所以可能的另一依據。

第二節　研究的緣起方法與範圍

一、走進《史記》的世界

一般而言，看一本書，先須先看它的序文，讀司馬遷的《史記》，則必須先從最後一篇〈太史公自序〉讀起。〈太史公自序〉說他自己「罔羅天下放失舊聞，王迹所興，原始察終，見盛觀衰，論考之行事，略推三代，錄秦漢」，「上記軒轅，下至于茲（按指漢武帝時代），著十二本紀，……八書……三十世家……七十列傳。凡百三十篇，五十二萬六千五百字，為《太史公書》」。他並稱該書是「厥協六經異傳，整齊百家雜語」，而為「成一家之言」的著作。是要「藏諸名山，副在京師，俟後世聖人君子」的。在〈報任少卿書〉中，他更明確的表明，欲藉此書來「究天人之際，通古今之變，成一家之言」。可見他對此「述往事，思來者（〈太史公自序〉）」的著作是何等的自信與重視。事實上，《史記》不僅為中國正史之首、四庫史部之第一書，更是上古至漢初，中國通史的權威之作。歷來都受到極高的推崇的評價。以下引據研究史記名家數人之評語以見一斑。

漢・班固說：

> 司馬遷據《左氏》、《國語》，采《世本》、《戰國策》，述《楚漢春秋》，接其後事，訖于天漢。其言秦漢詳矣。至於采經摭傳，分散數家之事，甚多疏略，或有牴捂。亦其所涉獵者廣博，貫穿經傳，馳騁古今上下數千載間，斯已勤矣。又其是非頗繆於聖人，論大道則先黃老而後六經，序游俠則退處士而進姦雄，述貨殖則崇勢力而羞貧賤：此其所蔽也。〔註11〕然自劉向、楊雄博極群書，皆稱遷有良史之才，服其善序事理，辯而不華，質而不俚，其文直，其事核，不虛美，

〔註11〕按班固此語失考之甚，前人駁斥他的很多，而為專文駁之最詳者，厥為近人王叔岷之〈班固論司馬遷是非頗繆於聖人辯〉，收於黃沛榮所編之《史記論文選集》（台北：長安出版社，民國78年），頁65～94。

不隱惡，故謂之實錄。（《漢書・司馬遷傳》）

南朝宋・裴駰說：

> 駰以爲（班）固之所言，世稱其當。（司馬遷）雖時有紕繆，實勒成
> 一家，總其大較，信命世之宏才也。（《史記集解序》）

唐・司馬貞說：

> 太史公古之良史也。家承二正之業，人當五百之運，兼以代爲史官，
> 親掌圖籍，慨《春秋》之絕筆，傷舊典之闕文，遂乃錯綜古今，囊
> 括紀錄，本皇王之遺事，採人臣之故實，爰自黃帝，迄於漢武，歷
> 載悠邈，舊章罕補。漁獵則窮於百氏，筆削乃成於一家，父作子述，
> 其勤至矣。然其敘勸褒貶，頗稱折衷，後之作者，咸取則焉。夫以
> 首創者難爲功，因循者易爲力。自左氏之後，未有體制，而司馬公
> 補立紀傳規模，別爲書表題目……其間禮樂刑政，君舉必書，福善
> 禍淫，用垂炯戒。事廣而文局，詞質而理暢，斯亦盡美矣。（《補史
> 記序》）

唐・張守節說：

> 《史記》上起軒轅，下既天漢，作十二本紀，帝王興廢悉詳；三十
> 世家，君國存亡畢著；八書贊陰陽禮樂；十表定代系年封；七十列
> 傳忠臣孝子之誠備矣。筆削冠於史籍，題目足以經邦。（《史記正義
> 序》）

宋・鄭樵云：

> 司馬父子，世司典籍，工於制作……勒成一書，分爲五體；本紀紀
> 年，世家傳代，表以正曆，書以類事，傳以著人。使百代以下，史
> 官不能易其法，學者不能捨其書。六經之後，惟有此作。（《通志・
> 總敘》）

清・趙翼云：

> 司馬遷參酌古今，發凡起例，創爲全史：本紀以序帝王，世家以記
> 侯國，十表以繫時事，八書以詳制度，列傳以誌人物。然後一代君
> 臣政事、賢否得失，編彙於一篇之中，自此例一定，歷代史者，遂
> 不能出其範圍，信史家之極則也。（《廿二史箚記》，卷一〈各史例目
> 異同條〉）

清・章學誠也說：

> 夫史遷絕學，《春秋》之後，一人而已，其範圍千古，籠牢百家者，

惟創例發凡，卓見絕識，有以追古作者之原，自具春秋家學耳。(《文
史通義‧申鄭篇》)

對於這樣的一部書，我自是迫不急待的想去閱讀它，但該書也有人批評過，
如前述的班固以及唐朝的劉知幾即是明顯的例子。〔註12〕個人一向相信，是
真理必經得起檢驗。因此，我遂抱著朝聖的心情及檢驗的態度，沈潛於《史
記》的世界中。

二、邁向研究司馬遷的歷史哲學之途

　　自《史記》成書以後，兩千多年過去了。歷代的碩學鴻儒，文史菁英的
研究，似乎已使《史記》的面貌，清楚的呈現於世人的面前，太史公的思想
性格，也大體可以明白。但我在研讀《史記》及其相關之研究論著的過程
中，忽然發現前人對於太史公做史目的之闡釋，並非都是那麼的符合他的原
意。這個原因在於太史公只說他想要透過《史記》來「究天人之際，通古今
之變，成一家之言」。但所究的天人之際到底如何？所通的古今之變究竟怎
樣，他都沒有清楚的交代。或許一部《史記》即是答案，但這答案卻在歷史
的紛歧中。由是學者各引一端，馳鶩天涯，莫衷一是。然而太史公之所以要
究天人之際、通古今之變、成一家之言，其終極的目的總是為了替時人找出
一條出路。我們想想，那是一個什麼樣的時代。從〈封禪書〉中，可以看出
神仙方士的迷惑人主，從《漢書‧董仲舒傳、睦兩夏侯京翼李傳》等篇章以
及《春秋繁露》一書，可以知道陰陽讖諱的橫流泛濫及天人感應之說的甚囂
塵上。而太史公竟在大時代的洪流中，提出了要「究天人之際」的命題，這
是何等的胸襟與氣魄。自三代以來，以迄武帝，古今之變究竟是怎樣的呢？
歷史又終歸於何處呢？作為一時代知識份子的他，怎能不對此做一番探究
呢？畢竟唯有找到歷史的終極意義，人生才能真正的定位。然而「載之空言，
不如見之於行事之深切著明也。」〔註13〕而「明堂石室，金匱玉版圖籍散亂」，

〔註12〕如劉知幾於《史通‧六家篇》批評司馬遷說：「其所書之事也，皆竿褒諱，事
　　　　無黜陟，故司馬遷所謂整齊故事耳，安得比於《春秋》哉！」又說他「分以
　　　　紀傳，散以書表，每論家國一政，而胡越相懸；敍君臣一時，而參商是隔。
　　　　此其為體之失也」又說他的《史記》「使聞之者，事罕異聞，而語饒重出，此
　　　　撰錄之煩者也」。他又批評通史是「勞而無功」的行為，而為「述者所宜深戒
　　　　也」。卷二〈二體篇〉也說：「又編次同類，不求年月……此其所以為短也。
　　　　凡此種種，不一而足。」
〔註13〕見《史記‧太史公自序》引孔子之語。

〔註 14〕經過政府的大力蒐求卻又「天下遺文古事靡不畢集太史公」〔註 15〕的情況下，如果不作一番考證，整理與選擇，又實在無以「協六經之異傳」。而一家之言如果不完成，則「閭巷之人，欲砥行礪名者」，以及他自己，又怎能名施後世呢？無疑的，這三件事對太史公而言，實在是太重要了。太史公因為來不及，或其他原因而未指出的，我們有責任替他指出，後人已指出，但不甚正確的，我們也有義務加以商榷檢正。這是一個研究《史記》者最起碼的態度。

此外太史公如何選擇歷史，解釋歷史等問題，前人所論似乎嫌少了些，或竟無有。而這些問題與史公三願，都屬於歷史哲學的範疇。不僅是重要的問題，也是我的興趣，更基於對太史公才華仁心的仰慕，於是我決定朝著這個方向去作較深一層的探討。

三、研究的方法原則與範圍

研究司馬遷所述的歷史事實，可以一件一件的加以考訂，但要研究他的歷史哲學，則事涉全斑，所以不能不做全面的檢查。而一個人的思想、看法又與整個時代的背景息息關連，因此又必須回到歷史去探究。而本論文研究的方法，基本上是在檢驗司馬遷的著作，有著什麼樣的歷史哲學，或有那些方面涉及歷史哲學的問題而值得去論述的。並不是以某個流派或某種意義的歷史哲學反過來籠罩他的著作。因為如果不是這樣，則本論文的題目應該是從某某流派的歷史哲學看司馬遷的《史記》，而非司馬遷的歷史哲學。換言之主題是「司馬遷的」歷史哲學，而不是「某一家」的歷史哲學。

一篇有關研究歷史家思考及觀念的論文，其客觀性與確實性尤其重要，因此本論文所抱持的研究原則有二：一為「清查終極觀念」，一為「依從全部論據」。〔註 16〕其目的是希望不要有個人預設的立場與主觀上的偏見。以免誤解太史公的歷史觀點，甚至把自己的觀念強加諸太史公的身上。這是非常重要的二點。以下舉個例子來說明。

在歷史選擇上，司馬遷何以作〈管晏列傳〉，柯維騏說：

〔註 14〕見《史記·太史公自序》。

〔註 15〕見同註 12。

〔註 16〕此二原則引自懷德海（A. N. Whitehead, 1861～1947 A. D.）著，傅佩榮譯，《科學與現代世界》（Science and the Mondrn World）一書之前言（台北：黎明文化事業公司，民國 76 年），頁 1～3。

> 古之賢人君子眾矣，太史公列傳獨首伯夷，春秋列國大夫如展季、
> 蘧瑗、銅鞮、伯華、叔向、季札諸賢皆不得錄，乃次及管晏，且願
> 為之執鞭，何哉？遷以良史之才，因言得罪，殆所謂「非公正不發
> 憤而遇禍災者」，非與潔行餓死同乎哉！管仲仇也，鮑叔薦之；越石
> 父囚也，晏子贖之，遷蓋自傷其弗遇也。〔註17〕（《史記考異》，卷
> 八）

柯維騏這種想法，自是受到〈報任少卿書〉中，太史公所說「家貧，貨賂不足以自贖（史公因李陵案下獄），交遊莫救，左右親近，不為一言」影響的緣故，其說亦大體無誤。不過，我們看〈管晏列傳〉本文的轉接處說：

> 管仲富擬於公室，有三歸、反坫，齊人不以為侈。管仲卒，齊國遵
> 其政，常彊於諸侯。後百餘年而有晏子焉。
> 晏平仲嬰者，萊之夷維人也。事齊靈公、莊公、景公，以節儉力行
> 重於齊，食不重肉，妾不衣帛。

即可明白，太史公作此傳的終極原意之一，也應有如自序所說：「晏子儉矣，夷吾則奢；齊桓以霸，景公以治」的意旨才是。而本傳後太史公也說：

> 吾讀管氏牧民、山高、乘馬、輕重、九府，及晏子春秋，詳哉其言
> 之也。既見其著書，欲觀其行事，故次其傳。至其書，世多有之，
> 是以不論，論其軼事。

其中「欲觀其行事，故次其傳」正說明了他作此傳的重點並不全在鮑叔牙及晏子之善遇人，主要亦是想看看二人的行事。否則他應作〈鮑晏列傳〉才是。而由二人的政績看來，這兩人被選擇入傳的另一個原因又是因為有了管仲「桓公以霸」；有了晏子，「景公以治」。柯維騏既未全面地清察史公的終極觀念，也未依從全部的論據，故造成了「偏見」。

　　司馬遷除了名垂千古的《史記》一書外，目前確知的著作還有兩篇，一篇是〈報任少卿書〉，《漢書・司馬遷傳》全予抄錄，而《昭明文選》亦有收錄。另一篇是〈悲士不遇賦〉，收錄於《藝文類聚》卷三十。因此本論文即以此三種材料為研究的素材，並以之為研究的範圍。

〔註17〕轉引自楊燕起等所編，《歷代名家評史記》（台北：博遠出版社，民國 79 年），
　　　　頁 650。

第二章　司馬遷的歷史廣度密度深度
　　　　與限度

第一節　司馬遷的歷史廣度與密度

　　所謂歷史廣度，是就歷史平面而言。針對的是歷史對象，指的則是歷史視角之廣，視野之大。而視角與視野之廣窄大小，應以對歷史對象的體悟爲判準。至於密度，則是指歷史建構而言，即對某段時間內的歷史事件「敘述的詳密程度」。任何一部史籍皆有一定的篇幅。但這個篇幅並非均勻的承受各個時期所發生的史事，因而造成了敘述密度的不同。有的時期被詳盡的描述，有的時期則較爲疏略。有時候，這並非不好的現象，而是事實上的需要。不過有時候卻是很糟糕的。狹窄的歷史視野、視角及不當敘述頻（密）度的歷史，都不是好的歷史。

　　歷史離不開人事，否則所謂的歷史便無從建立。而要明確的說明歷史的歷時性及發生的所在，則時空就絕對不可忽略。最後由於人的需求、嗜欲或其他因素，「物」有時在歷史中，也扮演者重要的角色。例如〈廉頗藺相如列傳〉中的「和氏璧」即是一例。

　　一般而言，人是歷史的主觀因素；事由人的理念行爲而產生，至於時、空則是歷史最後的客觀存在。這其中種種關係的交織，構成了歷史。換言之，歷史的對象，指向了時空中的人事。由《史記》所載，我們可以探知司馬遷對於歷史對象的體悟及其決定歷史詳密程度（著墨多寡）的原則。

一、從《史記》的敘述人事看司馬遷的歷史廣度

　　人是歷史的真正主體，亦是歷史問題與答案的癥結與關鍵所在。我們甚

至可以說，歷史是人所創造的。一般的歷史學者，大抵把歷史的人分為領袖人物、次要人物、基層人員及一般群眾。但這種分法，不能看出歷史人物的各個層面。而有著太泛的感覺。何況司馬遷在敘述二千餘年的歷史中，稱人達三萬六千八百五十一人次。〔註1〕因此應予作較為詳細的歸納。經過整理，大致包括了下列的類別，當然這個分類還是相當地粗略的。

仁聖賢人：如吳太伯、伯夷、叔齊、燕召公、孔子等。

英雄豪傑：如項羽、魏公子、淮陰侯、季布、欒布等。

忠孝節義：如王蠋之忠、衛宣公太子伋與晉獻公世子申生之孝、荀息之節、田橫賓客之義等。

正人君子：如袁盎、汲黯、壺遂、周緤、張釋之、馮唐等。

哲人諸子：如老、莊、申、韓、孟子、荀卿、騶忌、騶衍、慎到、田駢、接子、環淵、公孫龍等。

孔門弟子：如顏回、子貢、子路等。

文士儒生：如屈原、賈誼、司馬相如、申培公、轅固生、韓嬰、伏生、高堂生、田生、胡母生及董仲舒等。

巾幗丈夫：如緹縈、聶榮、卓文君、虞姬等。

先公先王：如三代之先世祖宗、秦之先祖等。

帝王諸侯：如本紀世家所載。

帝后王妃：見於本紀，世家。

宗女外戚：如長公主嫖、平陽公主等係帝王宗室之女；田蚡、田勝、衛青、霍去病等是外戚。

四夷君民：如匈奴、南越、東越、朝鮮、西南夷、大宛、月氏、烏孫等國君民。

良將名輔：如司馬穰苴、孫子、吳起、白起、王翦、樂毅、廉頗、蒙恬、淮陰侯李廣、衛青、霍去病等並為名將；子產、管仲、晏子、甘茂、樗里子、范雎、藺相如、蕭何、曹參等皆是良輔。

謀臣策士：如張良、陳平、馮諼、田生（為滎陵侯畫策者）。

縱橫說客：如張儀、蘇秦、陳軫、蒯通、酈食其等。

政客循吏：如鼂錯、公孫弘、主父偃等都是政客；孫叔敖、公孫僑（子產）、公儀休、石奢、李離等皆為循吏。

〔註1〕依據台灣大通書局印行之《史記索引·人名部》逐頁統計而得。

法家酷吏：商鞅、李斯等，世所謂法家；郅都，杜周等，人皆稱酷吏。

佞幸宦者：籍孺、閎孺、鄧通、周文、韓說等皆以佞幸；趙同、北宮伯子、李延年等同屬宦者。

朝臣隱士：如穰侯、周勃、王陵等是謂朝臣；商山四皓、長沮、桀溺、荷蓧丈人等並乃隱士。

巨商大賈：如陶朱公、子貢、白圭、猗頓、郭縱、烏氏倮、巴寡婦清等皆屬之。

游俠流氓：像朱家、田仲、王公、劇孟、郭解等算游俠；而流氓無名、大抵「宗彊比周，設財役貧，豪暴侵凌孤弱，恣意自快」（〈貨殖列傳〉）者屬之。

忍者刺客：如范雎、伍子胥、等是忍者之例範；曹沫、專諸、豫讓、聶政、荊軻者流，是刺客之典型。

星醫命卜：如唐都、扁鵲、張負、司馬季主等。

陰陽歷者：如鄒衍、壺遂、太史公等。

倡優侏儒：如優孟、淳于髡、優旃等是。

百工名藝：如務農之秦揚、掘冢之田叔、博戲之桓發、酒削之郅氏、胃脯之濁氏、及醫馬之張里等。

奸夫淫婦：如慶父、哀姜、魯桓公夫人、齊宣公、齊莊公、棠公妻等皆屬之。

除了對有政治、軍事、社會、文化、經濟等地位的人做專人的敘述之外，太史公也對社會低層民眾，予以表現生命情態的一般性描述。例如他寫游俠：

其行雖不軌於正義，然其言必信，其行必果，已諾必誠，不愛其軀，赴士之阨困，既已死生存亡之矣，而不矜其能，羞伐其德。（〈游俠列傳〉）

寫歌伎：

設形容，揳鳴琴，揄長袂，躡利屣，目挑心招，出不遠千里，不擇老少。（〈貨殖列傳〉）

寫賭徒：

博戲馳逐，鬥雞走狗、作色相矜，必爭勝。（〈貨殖列傳〉）

寫游閒公子：

飾冠劍，連車騎。（〈貨殖列傳〉）

寫為奸吏士：

舞文弄法，刻章偽書（可見偽造文書其來有自）。（〈貨殖列傳〉）

形容不良少年的行徑：

攻剽椎埋，劫人作姦，掘冢鑄幣，任俠兼併，借交報仇，篡逐幽隱，

不避法禁。（〈貨殖列傳〉）

總而言之，他的記述，不獨已略盡古今人物之類型與性格，也可見其對社會人生百態之體悟。除了少康中興等史事所疏漏的一些人物外，就當時人物的類型而言，仍可謂「寫盡大千眾，未嘗少一人」。此外尚需說明的是，他描寫一般下層民眾的生命情態之所以皆集中在〈貨殖列傳〉，是因為基本上那是一篇描述民生的篇章。而基層民眾的生命理念，最根本就是如何活下去——不論他生活手段的正當與否。

　　以上係就描寫人方面看司馬遷的歷史廣度，茲再從他描述事方面來觀察。《史記》所記事務，絕可謂包羅萬方。以下分類述之：

　　政治方面：敘述了王位傳承、政治型態（如無為而治、法家政治）、官僚
　　　　體制、功臣集團、革命篡奪，叛亂謀反等。

　　軍事方面：包含了戰爭過程、戰爭原理（如「十則圍之，倍則戰」）、戰
　　　　爭藝術（如陷之死地而後生，置之亡地而後存），戰爭方法，
　　　　兵器，會盟等。

　　經濟方面：敘述了國家財政、貨幣政策、商業行為、致富之道（無財作
　　　　力，稍有鬥智，既饒爭時）、工商企業家、各地物產，生產型
　　　　態、貢賦度量衡等。

　　社會方面：描述了社會階級、社會變動、社會百態、民情風俗、神話傳
　　　　說、逸聞軼事、歌謠俚諺、婚姻兩性等。

　　心理方面：包括性心理（如呂不韋進大陰人嫪毒事）、變態心理（〈佞幸
　　　　列傳〉）及一般心理等。

　　宗教方面：略及禮儀祭祀、墓葬從死。並記封禪巡狩、天道觀念、星醫
　　　　命卜、神仙方士、徵夢災異等。

　　科技方面：記述了天文曆法、醫學病理、時序氣象、河海工程、建築林
　　　　園等。

　　地理方面：歷述山川河海、地理交通、環境決定，地形地產等。

　　學術方面：敘及孔子一生、諸子思想、仲尼弟子及六藝概況、學術典籍、
　　　　　　　音樂舞蹈等。

　　外交國防方面：敘及各國情勢、依存關係、縱橫議論、利害運用，使節
　　　　　　　往來、歷代邊患、邊防等。

　　民族人類方面：敘述了各民族之源流、演變、分佈、物產風情及與中國
　　　　　　　之「交通」等。

　　在那樣的一個時代，他的書涉及如此廣泛的領域，真可謂「時代的百科
全書」，使後之學者不得不由衷的佩服其歷史的眼光、才華與學識。

二、司馬遷的歷史密度

　　司馬遷寫通史，始於黃帝，迄乎太初。〔註2〕馳騁上下，貫穿古今。在他
所建構的二千多年的歷史長流中，其敘述的密度，並非均勻一致，其原因何
在？是否有原則可循？也是值得探討的一端。以下從三方面來分析。

　　首先就本紀看。除〈五帝本紀〉自成一篇外，夏商周秦四紀皆各串聯世
代而成一紀。其後秦皇、項羽、漢高、呂后、文、景、武帝皆各獨立成一紀。
就中除〈武帝本紀〉較有爭議，〔註3〕暫不予理會外，其餘可分三部分：五帝、
夏、商、周、秦五紀為一部分；秦始皇、項羽、高祖三紀為一部分；呂后、
孝文、孝景三紀為一部分。第一部分以年代久遠，史料不足，篇幅雖多但敘
述的詳密程度最低，第二部分分前後歷時五十二年，篇幅亦不少，密度最高。
第三部分前後歷時五十四年，篇幅雖少，但詳密程度居中。

〔註2〕潘重規先生以《史記》紀事終紀年限，眾說紛紜，於是作〈史記紀事終訖年
　　　限考〉一文。以為《史記》紀事應「以太初為大限，惟太初以後之事，間亦
　　　有史遷增補之文耳」。其引王國維〈太史公行年考〉之說，則以為應訖於太初
　　　四年為斷限。而「《史記》中最晚之記事，得信為出自公手者，唯〈匈奴列傳〉
　　　之李廣利降匈奴事（征和三年），餘皆出後人續補也」。見黃沛榮編，《史記論
　　　文選集》（台北：長安出版社，民國78年9月），頁375～390。

〔註3〕〈考武本紀〉一篇，《集解》引張晏曰：「〈武紀〉，諸先生補作也」。劉偉民《司
　　　馬遷研究》以為〈孝武本紀〉大部截取〈封禪書〉，「似有深意存焉」。「補書
　　　方法正多，決無在同一書中，重鈔一篇，以資替補，雖屬至愚，亦不出此！
　　　故〈武紀〉重鈔〈封禪書〉，乃司馬遷有意為之，實可斷言」。但吳福助《史
　　　漢關係》據余嘉錫所考以為，「諸少孫當時大儒，以文學經術為郎，所補者皆
　　　取遷所闕，意雖淺近，辭無雷同，未有移甲以當乙者，可知今本〈武紀〉不
　　　獨非褚補，亦非張晏所及見也」。並贊同錢大昕「鄉里妄人取以足數爾」的說
　　　法。（國平案：史記篇幅有限，武帝一生功業愚妄，可述者多，何乃取封禪之
　　　半湊數哉！劉偉民之說未為達論也）

其次從十表看。一般將十表分爲三大部分，五個時期，即上古二期：包括〈三代世表〉及〈十二諸侯年表〉；近古二期：包括〈六國年表〉及〈秦楚之際月表〉；今世一期：包括〈漢興以來諸侯年表〉以下六種。〔註4〕這其中三代爲世表、秦楚之際爲月表，其他均爲年表。太史公對於爲何爲世表，曾有說明，他說：

> 維三代尚矣，年紀不可考，蓋取之譜諜舊聞，本于茲，於是略推，作〈三代世表〉。（〈太史公自序〉）

至於爲月表，也作了說明，他說：

> 秦既暴虐，楚人發難，趙氏遂亂，漢乃扶義征伐，八年之間，天下三嬗，事繁變眾，故詳著〈秦楚之際月表〉。（〈太史公自序〉）

由於三代已經是很久遠了，所以年紀無法考證，只好取材於「譜諜舊聞」，但譜諜並非詳細的記述歷史，所以必有大量的歷史史料流失。於此太史公也只好依譜諜舊聞略爲推算紀錄，故三代世表甚爲疏略。反之太史公由於秦楚之際的「事繁變眾」，因此以月爲經而表時事。

最後再從列傳來看，先將列傳列表如下：

時　代	起迄時間	年數	列傳篇數	歷史密度	列　傳　篇　名
上古至春秋	公元前 2674～477 年	2198	9	0.004	伯夷、管晏、老莊申韓、司馬穰苴、孫子吳起、伍子胥、仲尼弟子、循吏。
戰國至秦末	公元前 476～210 年	267	21	0.08	商君、蘇秦、張儀、樗里子甘茂、穰侯、白起王翦、孟子荀卿、孟嘗君、平原君虞卿、魏公子、春申君、范睢蔡澤、樂毅、廉頗藺相如、田單、魯仲連鄒陽、屈原賈生、呂不韋、刺客、李斯、蒙恬。
秦楚之際（秦二世元年至漢五年）	公元前 209～202 年	8	12	1.50	張耳陳餘、魏豹彭越、黥布、淮陰侯、韓信盧綰、田儋、樊酈滕灌、張丞相、酈生陸賈、傅靳蒯成、劉敬叔孫通、季布欒布。
漢六年至漢武帝太初四年	公元前 201～101 年	101	23	0.23	袁盎晁錯、張釋之馮唐、萬石張叔、田叔、扁鵲倉公、吳王濞、魏其武安、韓長孺、李將軍、匈奴、衛將軍驃騎、平津侯主父、南越、東越、朝鮮、西南夷、司馬相如、淮南衡山、循吏、汲鄭、儒林、酷吏、大宛、游俠、佞幸。

說明：(1) 列傳七十篇，右取六十五篇，以滑稽、日者、龜策、貨殖四傳，事涉多時，非僅一代，而太史公自序，總序性質，並皆不采。

(2) 右歷史密度係採絕對密度，單位爲每年多少篇（篇／年）。如採相對密度，應再除以一個參數，此參數爲總篇數除以總年代。

〔註4〕如張大可之分類即是，見氏著《史記論贊輯釋》（陝西：人民出版社，1986年8月），頁74。

　　從表中我們發現上古至春秋，年代最長，但司馬遷擇入列傳的人數卻是最低。這個原因應該還是「三代尚矣」，史料不足，年紀難考之故。秦楚之際前後八年，列傳十二篇，密度最高。原因也該還是「事繁變眾」，須「詳著」。而可論者厥為漢初百年與戰國至秦末。兩相比較，接近太史公的百年之間的歷史密度竟高於多事之戰國。這個現象有二點可說。第一是太史公在六國年表所云：

> 秦既得意，燒天下《詩書》，諸侯《史記》尤甚，以其有所刺譏也。
> 《詩書》所以復見者，多藏人家，而《史記》獨藏周室，以故滅。
> 惜哉！惜哉！獨有《秦記》，又不載日月，其文略不具。……余於是
> 因《秦記》，踵《春秋》之後，起周元王，表六國時事。

這明顯的說明了六國時代的這一段歷史史料之不足，史公寫的格外吃力，不過在諸侯史記被毀之情形下，太史公仍為列傳二十一篇；而獨有《秦記》的情形下，還能為〈六國年表〉，且觀其連用二次「惜哉」之感嘆，可見其遺憾之深。〔註5〕如果諸侯「史記」未毀，又各載日月，則這一段歷史不論在份量及內容上，必將是可觀的。

　　第三，從《史記》中敘述漢初至漢武所佔的份量上，看起來，太史公對近代、當代史似乎有著濃厚的興趣，於是常被誤解太史公作《史記》有詳近略遠的「意思」，綜其實不然。蓋事實上，漢武帝雄才大略，積漢興以來七十年休養生息、國家殷富之資，改正朔，易服色，封禪，巡狩郡國山川，獨尊儒術，獎勵文學，外事四夷，求長生不死之藥，且農耕進步工商發展。觀〈封禪〉、〈河渠〉、〈酷吏〉、〈儒林〉、〈貨殖〉、四夷諸傳等篇就可以知道武帝一朝的「多事」了。因此表面上的略遠詳近，實際上仍不出「事繁變眾則詳著」的原則。

　　至此我們可以做個論斷：「事繁變眾則詳著」為決定史公敘述歷史詳密程度的終極原則，表面上的略遠詳近乃是史料取得難易不同的情況下，所出現的事實，而非太史公之本意。此外，所謂「事繁變眾則詳著」，這是正面的說。如果反面的說，就是「事簡變少則略述」。因為在平靜如鏡的年代，一切都會維持著，時間很快的過去，歷史就會被壓縮。而在多事紛擾的歲月，變

〔註5〕史公極強語氣處，每重複二詞，如〈匈奴列傳〉：「唯在擇任將相哉！唯在擇任將相哉！」〈太史公自序〉：「欽念哉！欽念哉！」〈報任安書〉：「如僕，尚何言哉！尚何言哉！」以加深慨嘆或提醒注意。

革發生了，人們度日如年，適應不良，歷史也無法壓縮而一語帶過數十年了。

第二節　司馬遷的歷史深度

司馬遷的歷史深度，可以從幾方面來看，包括解析的深度、洞察的深度、體悟的深度、論斷的深度以及描繪的深度，但這些東西都比較抽象，因此以下試著以具體的例子作爲說明。

一、洞察之深

太史公行文敘事，常寫到事件不尋常的內裡，這個不尋常的內裡，非一般人所可輕易了解的理念。換言之，不是一般情理下的表現。但太史公於此即爲特出，而展現他對史事內裡的深入透視。例如〈高祖本紀〉載，劉邦等攻下沛縣之後，沛中父老欲以劉邦爲沛令，劉邦說：「願更相推擇可者」。但眾人皆推讓給劉邦，太史公於此指出諸人的心態：

> 蕭曹等皆文吏，自愛，恐事不就，後秦種族其家，盡讓劉季。

〈高祖本紀〉又載：

> 沛公右司馬曹無傷聞項王怒，欲攻沛公，使人言項羽曰：「沛公欲王
> 關中，令子嬰爲相，珍寶盡有之。」欲以求封。

「欲以求封」四字，說出了曹無傷的心事，否則曹無傷既爲沛公右司馬，他何以如此做，就令人百思不解，此事也成爲沒有理念的物理事件了。

又如〈項羽本紀〉中太史公指出，「項王欲自王，先王諸將相。」說出項王心中的打算。而在〈曹相國世家〉的論贊中，太史公也明白指出，「曹相國參攻城野戰之功所以能多若此者，以與淮陰侯俱。」這句話有者萬鈞之力，太史公絕不會輕易的說出，必是經過深入的研究而爲其所獨具的慧眼所洞察獲知的。

此外如〈張釋之唐列傳〉，寫文帝參觀上林苑說：

> 釋之從行登虎圈。上問上林尉諸禽獸簿，十餘問，尉左右視，盡不
> 能對，虎圈嗇夫從旁代尉對上所問禽獸簿甚悉，欲以觀其能口對響
> 應無窮者。

一句「欲以觀其能口對響應無窮者」，指出了嗇夫的表現愛現能現及不該現。

以上係從太史公自己所下的斷語，說明其洞察歷史事的深度。以下則從

太史公特出的記載，透過歷史人物的言語，使我們對歷史人物或歷史事件有深入的瞭解與認知。話雖出自他人之口，但太史公引用了，則表示他欲透過此一話語展現某種人或事的面目。以下舉例說明：

〈封禪書〉載武帝聞公孫卿爲言黃帝升天事之後說：

> 嗟呼！吾誠得如黃帝，吾視去妻子如脫躧耳。

這句話對於武帝封禪的史實而言，無足輕重，但卻透露出武帝欲借方士求仙道的迷惑與視女子之不值。更進一步，不禁使人要問，誠得如黃帝，武帝視國家如何？人民如何？又如〈張耳陳餘列傳〉載：

> 呂后數言張王以魯元公主故，不宜有此（反事）。上怒曰：「使張敖據天下，豈少而女乎！」

這段描述反應了呂后尚重人倫親情，而高祖直言女色，以爲一旦權控天下，則女子就任憑所使了。這也難怪高祖於危急之時，三次推墮漢惠帝及魯元於車下，因爲妻子既可輕易，則其子女亦無庸說了。

再如〈酷吏列傳〉載：

> 湯死，家產直不過五百金，皆所得奉賜，無他業。昆弟諸子欲厚葬湯，湯母曰：「湯爲天子大臣，被污惡言而死，何厚葬乎！」載以牛車，有棺無槨。天子聞之，曰：「非此母不能生此子」。

史公的話說明了張湯雖酷，但不貪瀆（國平案：太史公於該給人肯定處絕無吝嗇），而武帝之語，顯示湯母也是冷直之輩，所謂「有其父母，必有其子女」，就是這個道理。她竟然爲了表現不平，而以薄葬兒子來抗議，而漢武帝的一句話也顯示武帝之冷斷。

再如〈游俠列傳〉敘郭解之事：

> 及徙豪富茂陵也，解家貧，不中貲，吏恐，不敢不徙。衛將軍爲言：「郭解家貧不中徙。」上曰：「布衣權至使將軍爲言，此其家不貧。」解家遂徙。

此段所述有三點可說：一者解家實貧，故不中貲。二者郭解豪甚，至將軍替他說話，三者武帝以豪量貲，論解不貧，充分顯出一代雄主的作風。

以上略舉數端，不過用以說明，太史公於小事一椿，即可深切的凸顯人心、理念，這也是太史公史識展現的又一端。而唯有深入的洞察人心、理念及史事，才可以論斷歷史，而也唯有如此，這種論斷始有公平、公正與確切可言。

二、體悟之深

太史公對歷史深刻的體悟，來自三方面。一曰得之文史典籍，二曰得之經歷見聞，三曰得之親身感受。這三者融而為一，透過對歷史不同角度的觀照，表現於記述者，有燭照人生的智慧，也有對歷史無限的仰慕與留戀；有對千載無奈的哀嘆，也有對歷史的同情與諒解。不過不論是那一種，都深深地打動者讀史的人們。

〈貨殖列傳〉說：

> 君子富，好行其德；小人富，以適其力。淵深而魚生之，山深而獸往之，人富而仁義附焉。富者得勢益彰，失勢則客無所之，以而不樂。夷狄益甚。諺曰：「千金之子，不死於市。」此非空言也。故曰：「天下熙熙，皆為利來；天下攘攘，皆為利往。」夫千乘之王，萬家之侯，百室之君，尚猶患貧，而況匹夫編戶之民乎！

太史公對「功利現實」的感慨與了解，看〈孟嘗君傳〉及〈廉頗列傳〉中賓客的嘴臉，就可以思過半了。而他自己因李陵案下獄，在「家貧，財賂不足以自贖」的情況下，也是「交遊莫救，左右親近不為一言」。自身的感受，以及歷史的教訓，使太史公有了〈貨殖列傳〉所述的體悟。這種體悟亦可由〈汲鄭列傳〉所發的感慨看得出來：

> 夫以汲鄭之賢，有勢則賓客十倍，無勢則否，況眾人乎！下邽翟公有言，始翟公為廷尉，賓客闐門；及廢，門外可設雀羅。翟公復為廷尉，賓客欲往，翟公乃大署其門曰：「一死一生，乃知交情。一貧一富，乃知交態。一貴一賤，交情乃見。」汲、鄭亦云，悲夫！

前述之「左右親近不為一言」，此「不為一言」，或不願為，或不能為。不願為，則可嘆的是人情之薄；不能為則恨無張丑之徒的為之脫罪。〔註6〕而太史公「貫穿經傳，馳騁古今」，竟無法從歷史中學取自脫之術，故對於韓非所作〈孤憤〉、〈五蠹〉、〈內外儲〉、〈說林〉、〈說難〉十餘萬言，獨錄〈說難〉一章，其文曰：

> 凡說之難，非吾知之有以說之難也；又非吾辯之難能明吾意之難也；

〔註6〕《史記·楚世家》載：（楚威王）七年，齊孟嘗君父田嬰欺楚，楚威王伐齊，敗之於徐州，而令齊必逐田嬰。田嬰恐，張丑偽謂楚王曰：「王所以戰勝於徐州者，田盼子不用也。盼子者，有功於國，而百姓為之用。嬰子弗善而用申紀。申紀者，大臣不附，百姓不為用，故王勝之也。今王逐嬰子，嬰子逐，盼子必用矣。復搏其士卒以與王遇，必不便於王矣。」楚王因弗逐也。

> 又非吾敢橫失能盡之難也。凡說之難，在知所說之心，可以吾說當
> 之……凡說之務，在知飾所說之所敬，而滅其所醜……。（〈老子韓
> 非列傳〉）

他的意旨見於〈老子韓非列傳〉篇末之語──「余獨悲韓子爲說難而不能自
脫耳」。爲韓子悲正是太史公出自同病相憐的最高體悟與同情。

以上是太史公所表現燭照人生的智悟，而他對歷史的無限景仰則見於〈孔
子世家〉的論贊，其言曰：

> 詩有之：「高山仰止，景行行止。」雖不能至，然心鄉往之。余讀孔
> 氏書想見其爲人。適魯，觀仲尼廟堂車服禮器，諸生以時習禮其家，
> 余祇迴留之不能去云。天下君王至於賢人眾矣，當時則榮，沒則已
> 焉。孔子布衣傳十餘世，學者宗之。自天子王侯，中國言六藝者折
> 中於夫子，可謂至聖矣！

這是太史公從六藝經傳中得到對夫子德行爲人的解悟而有著無限的仰慕。在
親臨孔子廟堂之後，更激發了思古的幽情。當透過存歿榮名的觀察後，終至
爲之破例，躋之世家，並推爲「至聖」。

失去自由的人，才知道自由的可貴，故史公在〈周勃世家〉記載了周勃
被赦出獄後的一句話：

> 吾嘗將百萬之軍，然安知獄卒之貴乎。

知曉死生之義的人，才知道如何對待死亡。太史公說：「非死者難也，處死者
難（〈廉頗列傳〉）」。而他在〈季布欒布列傳〉的評論，正可以做爲這一句話
的註解：

> 以項羽之氣，而季布以勇顯於楚，身屢軍搴旗者數矣，可謂壯士。
> 然至被刑戮，爲人奴而不死，何其下也！彼必自負其材，故受辱而
> 不羞，欲有所用其未足也，故終爲漢名將。賢者誠重其死。夫婢妾
> 賤人感慨而自殺者，非能勇也，其計畫無復之耳。欒布哭彭越趣湯
> 如歸者，彼誠知所處，不自重其死。雖往古烈士，何以加哉！

同樣是生死的抉擇，季布選擇了生，欒布選擇了死，太史公皆大加讚賞。如
果易處而擇，則恐怕季布不過匹夫之死，而欒布亦不免偷生之譏了。所以太
史公說：「死有重於秦山，輕於鴻毛」（〈報任少卿書〉）。他更指出：

> 人情莫不貪生惡死，念親戚，顧妻子。至激於義理者不然，迺有不
> 得已也。

而自己「所以隱忍苟活，涵糞土之中而不辭者，恨私心有所不盡，鄙沒世而文采不表於後世」。

太史公對死生的抉擇，有如此其深的體悟則是因爲在《史記》尚未完成，卻遭李陵的禍事。以腐刑之羞，本欲一死百了。而深思歷史人物的被難、自處與激發，於是決定「隱忍苟活」以使文采之表於後世。證諸歷史人物與自身，最後他指出「勇者不必死節，而怯懦者何處不勉焉。」（〈報任少卿書〉）

由於太史公對歷史的深度體悟，因此他在閱讀的時候，常常感動得聲淚俱下，唏噓不已：〈屈原列傳〉說：

> 余讀〈離騷〉、〈天問〉、〈招魂〉、〈哀郢〉、悲其志。適長沙，觀屈原
> 所自沈淵，未嘗不垂涕，想見其爲人。

這是太史公傷時感遇而爲屈原所流的千古同情之淚。

〈孟荀列傳〉說：

> 余讀《孟子》書，至梁惠王問何以利吾國，未嘗不廢書而嘆也。

這是爲戰國時代，天下不復言仁義而嘆的。

〈十二諸侯年表〉說：

> 太史公讀《春秋歷譜諜》，至周厲王，未嘗不廢書而嘆也。

這是爲盛世逆轉的開始而嘆的。

〈儒林列傳〉說：

> 余讀功令，至於廣屬學官之路，未嘗不廢書而嘆也。

這是爲學術利祿化的開端而嘆的。

太史公的垂涕嘆息不是輕易的喘氣，而是時代壓力的衝擊使然，那是一種對歷史的發展走向了歧路，他卻無可奈何的眼淚與噓聲。

時代的壓力迫驅著時代的知識份子。屈原承擔不起，自殺了；賈誼承擔不起，早卒了；公孫弘承擔不起，「懷於天子之廷」〔註7〕太史公擔起來了。但他深深體會這個擔子的承重，對於那些擔不起，但不屈服，終被壓跨的，他仍給予最深的同情。故他在〈屈原賈生生列傳〉說：

> 及賈生弔之，又怪屈原以彼其材，游諸侯，何國不容（所謂不見容
> 於楚，非不見容於世），而自令若是，讀〈鵬鳥賦〉，同死生，輕去

〔註7〕見徐復觀，《兩漢思想史》，卷一〈兩漢知識份子的時代壓力感〉，引賈誼《賈山至言》語。

就，又爽然自失矣。

太史公這種心情，正是對歷史有了深刻的體悟之後的悲憫情懷。也唯有如此，才不會隨便抹煞歷史或輕易而刻薄地評斷歷史人物。

三、解析之深

司馬遷對於重大的歷史事件，必剖析其原因或其成敗之幾，但在歷史敘述與紀、傳、書、表的體制之下，其剖析或寄於論斷，或寓於敘事，故有時隱而不顯或者是散在數篇。如果持一篇以立論，也就無法了解太史公解析史事的深厚功力了。例如太史公剖析長平之戰，是從趙國決策錯誤，接受韓上黨地開始的。先是秦伐韓之野王，野王投降秦國，於是上黨道絕。上黨守馮亭與他的子民商量以為：

> 不如以上黨歸趙。趙若受我，秦怒，必攻趙。趙被兵，必親韓。韓趙為一，則可以當秦。（〈白起王翦列傳〉）

於是就派人對趙國說：

> 韓不能守上黨，入之於秦。其吏民皆安為趙，不欲為秦，有城市邑十七，願再拜入之趙，財王所以賜吏民。（〈趙世家〉）

趙王聽了大喜，欲接受韓地，但在決策過程中，平陽君趙豹表示了反對的意見，他說：

> 夫秦蠶食韓氏地，中絕不令相通，固自以為坐而受上黨之地也。韓氏所以不入於秦者，欲嫁其禍於趙也。秦服其勞而趙受其利，雖強大不能得之於弱小，小弱固能得之於疆大乎？……且夫秦以牛田之水通糧蠶食，上乘倍戰者，裂上國之地，其政行，不可與為難，必勿受也。（〈趙世家〉）

趙豹分析、「韓之嫁禍」與「秦之必得」，是弱趙不可接受上黨地的原因。但趙王與平原君等商量之後，仍接受了上黨地。太史公以平原君負有參與決策的責任，因此在〈平原君列傳〉中加以批評說：

> 平原君，翩翩濁世之佳公子也，然未睹大體。鄙語曰：「利令知昏」，
> 平原君貪馮亭邪說，使趙陷長平兵四十餘萬眾，邯鄲幾亡。

秦昭王四十七年，「秦使左庶長王齕攻韓，取上黨，上黨民走趙，趙軍長平，以按據上黨民，四月，齕因攻趙。」開啟了長平之戰的序幕。事在〈白起傳〉中。

太史公首先在〈白起傳〉及〈趙世家〉二篇之中敘述引發長平之戰的原

因，並指出趙的必敗之後，接者在〈虞卿列傳〉中剖析了長平戰敗的第二個重大原因——外交政策的錯誤。長平之戰發生未久，趙國不能勝，又亡一都尉。很顯然的，趙國此時有一個共識，即「趙不能勝」，唯有媾和而已。但虞卿主張先「發使出重寶以附楚魏」，如此才能「令秦必疑天下之合從，且必恐，則媾乃可爲。」但趙王不聽，與趙豹主導了媾和，派鄭朱入秦。結果是應了虞卿的預料，「（秦相）應侯果顯鄭朱以示天下賀戰勝者，終不肯媾。」太史公描述了此後的事實說：「長平大敗，遂圍邯鄲，爲天下笑」。

不過外交上的失敗，不見得就會使趙國一蹶不振，致使趙國長平大敗的乃是軍事上的原因，太史公對於這個原因的分析，見於〈廉頗藺相如列傳〉。原來趙軍長平，率領軍隊的是廉頗將軍，廉將軍堅壁待秦，秦也討不到好處。於是秦用反間，欲使趙國陣前易將，代以趙括。經過藺相如及趙括之母的力勸，趙王仍一意孤行，趙括終於代將。而秦暗以白起爲將，傾全國之師來攻。趙括敗死，卒四十萬人投降了白起，結果被「挾詐而盡阬之」，趙人大震。

太史公在〈趙世家〉及〈平原君虞卿〉、〈廉頗藺相如〉、〈白起王翦〉三傳中，細述長平之戰的前因後果，分析了趙國三次有關重要決策的契機。但趙國一一失策，因此種下大敗原因。如果細數其中大小關鍵，則更包括了：上黨地略〔註8〕、韓略運用、韓外交說辭、趙的情勢分析、決策、外交運作、秦的戰略、戰術、反間、將才、後勤補給、情報等。太史公的見解是深入的，分析是透徹的，所敘述的每一環節，都關乎秦趙長平之戰的成敗。千載下讀之，仍令人覺得少了任何一項因素，都將使一切改觀，換言之，對其分析，我們已無從置喙。

再舉劉項二人成敗原因之分析爲例，太史公在五處做了說明，茲舉較具代表性之四處以爲說。〔註9〕其在〈項羽本紀〉，太史公說：

> 羽……乘勢起隴畝之中，三年，遂將五諸侯滅秦，分裂天下，而封王侯，政由羽出，號爲「霸王」，位雖不終，近古以來未嘗有也。及羽背關懷楚，放逐義帝而自立，怨王侯叛己，難矣。自矜功伐，奮其私智而不師古，謂霸王之業，欲以力征經營天下，五年卒亡其國，身死東城，尚不覺寤而不自責，過矣。乃引「天亡我，非用兵之罪

〔註8〕地略是軍事用語，指某地之地理位置、地形等地理條件在戰略上的價值。
〔註9〕另一處見〈陳丞相世家〉。

也」，豈不謬哉！

史公的話，指出項羽失敗的原因：一爲背信，不王高祖關中；二爲欲思東歸而都彭城；三爲放逐義帝而自立。結果是王侯叛已。總論之；則是「自矜功伐，奮其私智而不師古」。

其在〈高祖本紀〉，太史公是透過劉邦與群下的對話來解析劉項成敗原因的：

> （漢五年五月）高祖置酒雒陽南宮。高祖曰：「列侯諸將無敢隱朕，皆言其情。吾所以有天下者何？項氏之所以失天下者何？」高起、王陵對曰：「陛下慢而侮人，項羽仁而愛人。然陛下使人攻城略地，所降下者，因以予之，與天下同利也。項羽妒賢嫉能，有功者害之，賢者疑之，戰勝而不予人功，得地而不予人利，此其所以失天下也。」高祖曰：「公知其一不知其二。夫運籌帷帳之中，決勝千里之外，吾不如子房。鎮國家，撫百姓，給餽饟，不絕糧道，吾不如蕭何。連百萬之軍，戰必勝，攻必取，吾不如韓信。此三者，皆人傑也，吾能用之，此吾所以取天下也，項羽有一范增而不能用，此其所以爲我擒也。」

其在〈淮陰侯列傳〉，是透過韓信爲劉邦分析，而言項王失敗原因的：

> 項王暗噁叱咤，千人皆廢，然不能任屬賢將，此特匹夫之勇耳。項王見人恭敬慈愛，言語嘔嘔，人有疾病，涕泣分飲食，至使人有功封爵者，印刓敝，忍不能予，此所謂婦人之仁也。項王雖霸天下而臣諸侯，不居關中而都彭城。有背義帝之約，而以親愛王，諸侯不平……項王所過無不殘滅者，天下多怨，百姓不親附，特劫於威彊耳。名雖爲霸，實失天下之心。

其在〈酈生陸賈列傳〉者，是透過酈生對齊王的分析：

> 齊王曰：「天下何所歸？」曰：「歸漢。」曰：「先生何以言之？」曰：「漢王與項王戮力西面擊秦，約先入咸陽者王之。漢王先入咸陽，項王負約不與而王之漢中。項王遷殺義帝，漢王聞之，起蜀漢之兵以擊三秦，出關而責義帝之處，收天下之兵，立諸侯之後。降城即以侯其將，得賂即以分其士，與天下同其利，豪英賢才皆樂爲之用……項王有倍約之名，殺義帝之負；於人之功無所記，於人之罪無所忘；戰勝而不得其賞，拔城而不得其封；非項氏莫得用事；爲人刻印，刓而不能授；攻城得賂，積而不能賞；天下畔之，賢才怨

之，而莫爲之用。故天下之士歸於漢王，可坐而策也。」

以上高起、王陵、劉邦、韓信、酈食其五人的話，同爲太史公於敘事中寓論斷之例（見下一小節分析）。不過高起、王陵是對劉項二人行事做分析；劉邦是對二人的用人做分析、韓信則是對項王的個性及行事兩者作分析；酈食其則是對二人行事、用人作分析。而太史公則綜合五人意見對項羽做了論斷，謂項羽「自矜功伐，奮其私智而不師古」。蓋一切失敗的根源都在這裏，如果項王能師古——從歷史中學取教訓，則高、王、劉、韓四人所說的缺點，將都不復存在。此於不但見太史公解析歷史的功力，也見太史公綜合歷史的功力；論斷歷史的功力。〔註10〕

四、論斷之深

太史公作《史記》，對事情的論斷，有時是出於已論，有時是出於引論。引論不是史公引來逕作論斷，而是顧炎武所謂的「《史記》於序事中寓論斷」。〔註11〕例如〈刺客列傳〉記述：

> 魯句踐已聞荊軻之刺秦王，私曰：「嗟乎！惜哉其不講於刺劍之術
>
> 也！甚矣吾不知人也！曩者吾叱之，彼乃以我爲非人也！」

太史公本身，並未對荊軻作單獨的評論，但卻選擇了具有代表性的評論——魯句踐的話。而魯句踐的話，在我們看來，不論是批判也好，自省也好，實在是「深得我心」。話不出太史公之口，卻已表現他論斷的深度。不過顧炎武所舉的例子，全都是「某篇末載某人語」，而指爲太史公所寓之論斷。這點恐未能盡太史公之意。因爲有時侯篇「中」之敘事亦夾有論斷，而不只是在篇末。如〈汲鄭列傳〉所載：

> 淮南王謀反，憚黯，曰：「好直諫，守節死義，難惑以非。至如說丞
>
> 相弘，如發蒙振落耳」。

即在篇中。但論斷的深度與效果都是一樣——切確中肯。聞淮南一語，汲黯

〔註10〕 湯承業「論劉邦之所以戰勝項羽」，《新時代》十三卷五期，民國62年。曾分析歸納八點原因，然綜之仍不出史公評論範圍。

〔註11〕 顧炎武，《日知錄》，卷二十六〈史記於序事中寓論斷〉條：「古人作史，有不待論斷而於敘事之中即見其指者，惟太史公能之。〈平準書〉末載卜式語，〈王翦傳〉末載客語，〈荊軻傳〉末載魯句踐語，〈鼂錯傳〉末載鄧公與景帝語，〈武安侯田蚡傳〉末載武帝語，皆史家於序事中寓論斷法也。後人知此法者鮮矣，唯班孟堅一有之。如〈霍光傳〉載任宣與霍禹語，見光多作威福。〈黃霸傳〉載張敞奏，見祥瑞多不以實。通傳皆褒，獨此寓貶，可謂得太史公之法者矣。

及公孫弘二人之忠佞立分。在此有一點尚須澄清，是即太史公何以引他人之言，以爲論斷，一則表現歷史論斷的客觀存在。二則亦見歷史論斷的主觀選擇。三則以示，前論已工，不必掠美之意。

至於出自太史公己論者，又可大別爲二。其一爲敘事性之論斷，另一爲批判性之論斷。敘事性之論斷如：

〈平津侯主父列傳〉：

弘爲人恢奇多聞。……弘爲人意忌，外寬內深。

〈汲鄭列傳〉：

黯爲人性倨，少禮，面折，不能容人之過。

〈韓長孺列傳〉：

安國爲人多大略，智足以當世取合，而出於忠厚焉。貪嗜於財。所推舉皆廉士，賢於己者也。

〈魏其武安侯列傳〉：

灌夫爲人剛直使酒，不好面諛。

〈田叔列傳〉：

叔爲人刻廉自喜，喜游諸公。

〈萬石張叔列傳〉：

萬石君……無文學，恭謹無與比。

慶文深審謹，然無他大略，爲百姓言。

〈樊酈滕灌列傳〉：

是日微樊噲犇入營譙讓項羽，沛公事幾殆。

敘事性之論斷，常具提要性質而極中肯，且必與傳中敘事相呼應。這是太史公論斷深度的最高表現之一。至於批判性之論斷，則常見於各篇之前序或後贊，如：〈燕召公世家〉：

召公奭可謂仁矣！甘棠且思之，況其人乎？燕外迫蠻貉，內措齊晉，崎嶇強國之閒，最爲弱小，幾滅者數矣。然社稷血食者八九百歲，於姬姓獨後亡，豈非召公之烈邪！

〈伍子胥列傳〉：

怨毒之於人甚矣哉！王者尚不能行之於臣下，況同列乎！向令伍子胥從奢俱死，何異螻蟻。棄小義，雪大恥，名垂於後世，悲夫！方子胥窘於江上，道乞食，志豈嘗須臾忘郢邪？故隱忍就功名，非烈

丈夫孰能致此哉？

〈淮陰侯列傳〉：

> 假令韓信學道謙讓，不伐己功，不矜其能，則庶幾哉，於漢家勳可以比周、召、太公之徒，後世血食矣。不務出此，而天下已集，乃謀畔逆，夷滅宗族，不亦宜乎！

〈佞幸列傳〉：

> 諺曰：「力田不如逢年，善仕不如遇合」，固無虛言。非獨女以色媚，而士宦亦有之。

〈循吏列傳〉：

> 奉職循理，亦可為治，何必威嚴哉？

不過這種論斷，有時並不代表太史公對某一史事或人物的全面論斷，甚且其中有隱晦之意義存在。茲以〈鼂錯列傳〉與〈淮陰侯列傳〉為例剖析如下：

〈太史公自序〉說：

> 敢犯顏色以達主義（案指袁盎），不顧其身，為國家長畫（此指鼂錯）。
>
> 作〈袁盎鼂錯列傳〉第四十一。

此處太史公指出作傳的意旨，在於鼂錯能不顧自己生命，為國家作長遠的規劃。原來鼂錯「請諸侯之罪過，削其地，收其枝郡」，諸侯皆「諠譁疾鼂錯」。連他父親也說：「上初即位，公為政用事，侵削諸侯，別疏人骨肉，人口議多怨公者，何也？」鼂錯說：「固也。不如此，天子不尊，宗廟不安。」鼂錯的一句「固也」，表示他已考慮到並準備接受必然的結果，所以太史公才說他「不顧其身，為國家長畫」。這是太史公對他「峭直」一面的評論。而這樣的一個人，竟被斬於東市，故太史公引述鄧公對景帝之語以寓論斷其中。其言曰：

> 吳王為反數十年矣，發怒削地，以誅錯為名，其意非在錯也。臣且恐天下之士噤口，不敢復言也！上曰：「何哉？」鄧公曰：「夫鼂錯患諸侯彊大不可制，故請削地以遵京師，萬世之利也。計畫始行，卒受戮，內杜忠臣之口，外為諸侯報仇，臣竊為陛下不取也。」於是景帝默然良久，曰：「公言善，吾亦恨之。」

這是太史公借鄧公之口對景帝斬錯之事的評論，然而鼂錯也有「刻深」的一面，太史公記述說：

> 吳楚反，聞，鼂錯謂丞吏曰：「夫袁盎多受吳王金錢，專為蔽匿，言不反。今果反，欲請治盎宜知計謀。」丞吏曰：「事未發，治之有絕。

今兵西鄉，治之何益！且袁盎不宜有謀。」鼂錯猶與未決。

對於錯的這種行徑，史公不以爲然，因此才於文末的論贊中批評他：

鼂錯爲家令時，數言事不用；後擅權，多所變更。諸侯發難，不急
匡救，欲報私讎，反以亡軀。語曰「變古亂常，不死則亡，豈錯等
謂邪」！

也惟有如此的評斷，才能與鄧公之語、史公作傳意旨相輔相成，而對鼂錯一
生，做出全面性的論斷。這就是史公論斷的高明深妙之處。不過曲高和寡，
竟常被人誤爲立傳本意與篇末評論矛盾，或許有時眞如太史公所說的「非好
學深思，心知其意，固難爲淺見寡聞道也。」

至如淮陰侯之事，〈太史公自序〉說：

楚人迫我京索，而信拔魏趙，定燕齊，使三分天下有其二，以滅項
籍。作〈淮陰侯列傳〉。

高祖本紀也許韓信爲「三傑」之一，功勞之大，自不在話下。而太史公在假
設條件下，認爲韓信於漢家勳可以比「周召太公之徒」，而太史公論斷蕭何只
「與閎夭、散宜生等爭烈」。則二人的高下立判。李景星認爲：

贊語「學道謙讓」數句責淮陰處，似迂而實正，即起淮陰質之，亦
應無可置對。「天下已集，乃謀叛逆」，與〈絳侯世家〉「不以此時反」
數句同意，出此含蓄，更覺佳妙。〔註12〕

此外，另有一種「無言的論斷」，即是《史記》五體的破例與以名爵名篇的異
同，這點前人所論已多。〔註13〕故僅爲略述：

1. 項羽列之本紀：因爲羽於秦末「乘勢起隴畝之中，三年遂將五諸侯滅
　秦，分裂天下，而封王侯，政由羽出。號爲霸王，位雖不終，近古以
　來，未嘗有也」。

2. 呂后置於本紀：因爲「（孝惠）元年……（即）日爲淫樂，不親政。」

〔註12〕見李景星，《四史評議》之《史記評議》〈淮陰侯列傳〉，第三十二，（長沙市：
　　　　岳麓書社，民國75年11月），頁84～85。

〔註13〕如劉知幾，《史通》，卷二；劉偉民《司馬遷研究·史記一百三十篇篇目之研
　　　　究》（台北：文景書局，民國64年2月），頁265～348；朱東潤〈史記紀表書
　　　　世家傳說例〉，收於黃榮編《史記論文選集》（台北：長安出版社，民國78年
　　　　9月），頁361～374；吳福助《史記解題》（台北：國家出版社，民國75年6
　　　　月）；靳俊德〈史記名稱之由來及體例之商榷及張大奇〈史記體制義例簡論〉，
　　　　收於張維嶽《司馬遷與史記新探》（台北：崧高書社，民國74年11月），頁
　　　　223～282。

及孝惠帝崩，太子即位爲帝，「元年，號令一出太后。」而「高后女主稱制，政不出戶房，天下晏然」。這是現實上的考量。

3. 孔子躋於世家：因爲「天下君王至於賢人眾矣，當時則榮，殆則已焉。孔子布衣傳十餘世，學者宗之。中國言六藝者，折中於夫子，可謂至聖矣」。

4. 陳涉躋於世家：因爲「陳勝雖已死，其所置遣侯王將相竟亡秦，由涉首事也。高祖時爲陳涉置守冢三十家碭，至今血食」。

5. 淮南衡山黜於列傳：因爲「淮南衡山親爲骨肉，疆土千里，列爲諸侯，不務遵蕃臣職以承輔天子，而專挾邪僻之計，謀爲畔逆，仍父子再亡國，各不終其身，爲天下笑」。

6. 彭、黥、韓三傳獨信傳以爵名篇：郝敬說：「子長以（韓信）與彭、黥皆不爲立世家，兩人書名，淮陰書爵，用漢儒說《春秋》例，此善於彼，亦衡論也」。〔註14〕

7. 戰國四公子，獨魏以公子名篇：何焯認爲是因爲公子乃「國之存亡所繫」。〔註15〕徐與喬曰：「凡傳中稱公子一百四十七，無限唱嘆，無限低徊」。〔註16〕乃認爲四者之中最爲史公仰慕者，故特爲崇稱。

此種論斷，雖仿《春秋》的義例，但卻也是史公特出的論斷方式，其高明深妙，已臻藝術化境界。

五、描繪之深

宋朝洪邁說：

> 予每展讀至〈魏世家〉……未嘗不驚呼擊節，不自知其所以然。魏公子無忌與王論韓事，曰韓必德魏愛魏重魏畏魏，韓必不敢反魏。十餘語之間，五用「魏」字……如駿馬下駐千丈坡，其文勢正爾，風行於上而水波，真天下之至文也。〔註17〕（《容齊五筆》，卷五）

而明人茅坤也說：

> 今人讀〈游俠傳〉，即欲輕生：讀〈屈原賈誼傳〉，即欲流涕；讀〈莊

〔註14〕郝敬，《史記愚按》，卷四，轉引自《歷史名家評史記》，頁750。
〔註15〕何焯，《義門讀書記・史記》，轉引自《歷史名家評史記》，頁702。
〔註16〕徐與喬，《經史辨疑》，史部〈信陵君列傳〉，轉引自《歷史名家評史記》，頁702。
〔註17〕洪邁，《容齊隨筆・容齊五筆》，轉引自《歷史名家評史記》，頁232。

周〉、〈魯仲連傳〉，即欲遺世；讀〈李廣傳〉，即欲立斗；讀〈石建

傳〉，即欲俯躬；讀〈信陵君〉、〈平原君傳〉，即卻養士。若此者何

哉？蓋各得其物之情，而肆於心故也，而固非區區句字之激射者也。

〔註18〕（《茅鹿門集》，卷三）

這兩人所說各自不同，一謂文章之風神氣勢，二謂描繪之得情感人。但歷史

文章之所以具風神氣勢，絕非憑空而來，蓋唯有得事物之情；才能生動的表

現歷史人物之言行，而具風神氣勢。畢竟一句話，一個動作，並非人人說得

來，人人做得來。故項王說「彼可取而代也」，在漢王則說「大丈夫當如此

也」。二千年之後，我們還能感受到，信陵君當日說那十六字中五用「魏」的

那句話時，必然是極快速而順暢的道出，決非一字一字的吐出來，其原因即

在此。

　　以下再分別舉例說明太史公靜態地及動態地描述史事的深度。請先言靜

態：因為太史公能各得物之情，所以靜態的描寫，亦會讓人如親見其行為動

作。例如他描繪鉅鹿之戰：

　　項羽乃悉引兵渡河，皆沈船，破斧甑，燒廬舍，持三日糧，以示士

　　卒必死，無一還心。（〈項羽本紀〉）

即讓人看到了士兵渡過河後，經由項羽必勝的提示，人人親手毀掉一切輜重，

（出發前向後一望，只見火光蔽天，一切蕩然）心中想著此去為天下的正義

與蒼生而戰，雖死無憾，絕不回頭。這是何等的氣勢。當士兵殺到鉅鹿城下。

只見：

　　諸侯軍救鉅鹿下者十餘壁，莫敢縱兵。

看群雄束手無策的僵持等待，自覺何等淒涼無奈。

　　及楚擊秦，諸將皆從壁上觀。楚戰士無不以一當十，楚兵呼聲動天，

　　諸侯軍無不人人惴恐。

這又是何等悲壯，戰事又是何等慘烈。

　　於是已破秦軍，項羽召見諸侯將，入轅門，無不膝行而前，莫敢仰

　　視。項羽由是始為諸侯上將軍，諸侯皆屬焉。

項王此時何等威風？諸侯將何等卑下？太史公敘鉅鹿之戰，自準備，遭遇戰，

大會戰，戰勝而為諸侯上將軍，不過百餘字，但其中之經過與戰況竟是如此

的讓人印象深刻。這就難怪連班固也要服太史公「善敘事理」了。

〔註18〕茅坤，《茅鹿門集》，卷三，轉引自《歷史名家評史記》，頁237。

至於動態方面的描述，且看〈汲鄭列傳〉的描繪：

> 天子方招文學儒者，上曰：吾欲云云，黯對曰：「陛下內多欲而外施
> 仁義，奈何效唐虞之治乎！」上默然，怒，變色而罷朝。公卿皆爲
> 黯懼。上退，謂左右曰：「甚矣，汲黯之戇也！」

> 故黯時丞相史皆與黯同列，或尊用過之。黯褊心，不能無少望，見
> 上，前言曰：「陛下用群臣如積薪耳，後來者居上。」上默然。有閒
> 黯罷，上曰：「人果不可以無學，觀黯之言也日益甚。」

> 黯曰：「……匈奴畔其主而降漢，漢徐以縣次傳之，何至令天下騷動，
> 罷獘中國而以事夷狄之人乎！」上默然。

> 及渾邪至，賈人與市者，坐當死者五百人。黯請閒見高門曰：「是所
> 謂『庇其葉而傷其枝』者也，臣竊爲陛下不取也。」上默然，不許，
> 曰：「吾久不聞汲黯之言，今又復妄發矣。」

汲黯前後四責武帝，武帝均默然無以應，只有在事後對他人批評汲黯。不僅
如此，武帝還簡直怕了汲黯。試看太史公的一段描述：

> 大將軍青侍中，上踞廁而視之；丞相弘燕見，上或時不冠。至如黯
> 見，上不冠不見也。上嘗坐武帳中，黯前奏事，上不冠，望見黯，
> 避帳中，使人可其奏。其見敬禮如此。

不過武帝亦不愧爲雄才大略之主，乃能對汲黯的百般忍受。而以爲黯乃「社
稷之臣」。非武帝不能得汲黯，非汲黯不能說武帝。二人的對話、神情、性格，
就在太史公「得其情」的筆下栩栩如生了。

司馬遷不僅敘大事生動深入，即使是生活瑣事亦不例外。〈高祖本紀〉
載：

> 九年……置酒未央前殿。高祖奉玉卮，起爲太上皇壽，曰：「始大人
> 常以臣無賴，不能治產業，不如仲力。今某之業所就孰與仲多？」
> 殿上群臣皆呼萬歲，大笑爲樂。

即是一例。看看劉邦說的是什麼話，殿上群臣的高呼大笑，君臣無方的情景，
如在眼前。顧實也說：

> 試一觀〈魏其武安列傳〉，雖飲酒喧爭，尋常猥瑣之事，亦一經其筆，
> 栩栩生動，宛如目睹。〔註19〕（《中國文學史大綱》，頁137）

〔註19〕顧實，《中國文學史大綱》，頁137，轉引自《歷史名家評史記》，頁254。

此外司馬遷歷訴人物縱跡，戰爭過程而兼及地理描繪之時，更是深入。誠如潘永季說：

> 一幅地輿圖，只此禹迹所掩耳，而妙手寫來，既有〈項羽紀〉之棋布星羅，又有〈貨殖傳〉之綺迴繡錯，真是化工矣！太史公其有宇宙在胸，所以臨文之際，並大地山河，亦供其揮灑，吾無以測其能事之所至也。〔註20〕（《讀史記札記》）

顧炎武也說：

> 秦、楚之際，兵所出入之途，曲折變化，唯太史公敘之如指掌。以山川郡國不易明，故曰東、曰西、曰南、曰北，一言之下，而形勢了然。以關、塞、江、河為一方界限，故於項羽則曰「梁乃以八千人渡江而西」，曰「羽乃悉引兵渡河」，曰「羽將諸侯兵三十餘萬，行略地至河南」，曰「羽度淮」，曰「羽遂引東，欲渡烏江」。於高帝則曰「出成皋、玉門，北渡河」，曰「引兵渡河，復取成皋」。蓋自古史書兵事地形之詳未有過此者，太史公胸中固有一天下大勢，非後代書生之所能幾也。〔註21〕

這兩人主要是從〈項羽本紀〉及〈貨殖列傳〉來闡發太史公對於地理描繪的深度的。然而太史公別有兩處亦表現出他對中國山川的瞭若指掌，如數家珍，其一是〈河渠書〉，其中所敘河川支脈、漕運灌溉、決堤塞河等，無不頭頭是道。這是因為太史公「曾從負薪塞宣房」，而深切體會水之為利害，故有悲憫民生疾苦的深刻手筆。其二則是〈西南夷列傳〉，因太史公曾「奉使西征巴、蜀以南，南略邛、笮、昆明」（〈自序〉）故對該處之位置所在、社會組織及當時西南民族之強弱大小形勢等有一分辨，但極複雜的西南民族，到了史公手裏，仍見簡潔的筆法而得清楚的脈絡，這就是他描繪的功力了。

第三節　司馬遷的歷史限度

司馬遷的歷史限度，來自三方面，一是不知，一是不明，一是不察。不知的因素是客觀的，不明的因素是主客觀兼而有之的，而不察的因素則是主觀的。這些主客觀因素的限制，構成了司馬遷的歷史限度。

〔註20〕潘永季，《讀史記札記》，轉引自《歷史名家評史記》，頁250。
〔註21〕顧炎武，《日知錄》，卷二十六。

一、由不知所造成的歷史限度——低限的無限

人類的歷史向史前無限的敞開。莊子說：「有始也者，有未始有始也者，有未始有夫未始有始也者」。〔註22〕從那時候開始（或說是自從時間有了意義之後），直到文字發明之前，人類的思想如何，無從得知。即使文字發明之後，仍有大量的歷史在人類的記憶中消失了。在中國，殷、周政府的史官保存了一些檔案或紀錄，開始了歷史的記載。但「載籍」〔註23〕伊始，文獻自然不多。在這種情形下，司馬遷雖「紬史記石室金匱之書」，「天下遺文古事靡不畢集太史公」，但要依據殷周之世的檔案紀錄，去寫殷周之前的歷史，仍舊可說是「巧婦難為無米之炊」。〈三代世表〉說：

> 太史公曰：五帝三代之記，尚矣。自殷以前諸侯不可得而譜，周以
> 來乃頗可著。孔子因「史記」次《春秋》，紀元年，正時日月，蓋其
> 詳哉。至於序《尚書》則略，無年月；或頗有，然多闕，不可錄。
> 故疑則傳疑，蓋其慎也。

甲骨、鐘鼎文字是殷周之文，殷周之前尚未發現「紀錄的」歷史，因此司馬遷只好依據殷周以後的「追述文獻」，整理成粗略的〈三代世表〉，而無法像《春秋》一樣的紀年、月、日。而其他一些重要的紀事，亦付闕如。例如〈平準書〉說：

> 農工商交易之路通，而龜貝金錢刀布之幣興焉，所從來久遠，自高
> 辛氏之前尚矣，靡得而記云。

時代推進到距太史公生前約六七百年左右的「共和」時代。因後世有《世本》、《春秋曆譜諜》及《左傳》等編年史書的出現，於是太史公的紀、傳、世家及表的記載，才能從那個時代開始。而在這之前開頭部分的《十二諸侯年表》、亦僅志世系，而無年月。〈晉世家〉說：

> 靖侯以來，年紀可推。自唐叔至靖侯五世，無其年數。

我國史官起源甚早，周朝時候，諸侯已多有「史記」。〈周本紀〉就記載，周太史伯陽曾讀「史記」。〈孔子世家〉也說，孔子因「史記」作《春秋》。《孟子・離婁下篇》也說：「晉之《乘》，楚之《檮杌》，魯之《春秋》，一也」。不

〔註22〕《莊子・齊物論》。

〔註23〕《文心雕龍・史傳篇》：「開闢草昧，歲紀綿邈；居今識古，其載籍乎？」汪榮祖說：「『載籍』（Records）者，文字之紀錄，史之始也」。見《史傳通說》（台北：聯經出版事業公司，民國77年10月），頁2。（國平按：載籍一詞最早出《漢書・藝文志》）

幸的是：

> 秦既得意，燒天下《詩》、《書》，諸侯「史記」尤甚，爲有所刺譏也。
>
> 《詩》、《書》所以復見者，多藏人家，「史記」獨藏周室，以故滅。
>
> 獨有《秦記》，又不載年月，其文略不具。(〈六國年表〉)

因而造成司馬遷敘春秋戰國時代，這一段歷史的困難度。春秋以前，代遠久湮，歷史的殘缺固然，但戰國時代，卻在秦火的影響下，造成不少的歷史空白。於是對於這一時期的歷史，太史公只好把重心移到「權變」與「秦取天下」這兩方面，那是因爲有《戰國策》及《秦記》在的緣故。

〈六國年表〉云：

> 然戰國之權變亦有可頗采者，何必上古。秦取天下多暴，然世異變，成功大。傳曰：「法後王」，何也？以其近已而俗變相類，議卑而易行也。學者牽於所聞，見秦在帝位日淺，不察其終始，因舉而笑之，不敢道，此與以耳食無異。悲夫！余於是因《秦記》，踵《春秋》之後，起周元王，表六國時事。

然而，儘管如此，太史公仍舊完成了紀傳、世家、書表的先秦部分。在重建歷史的路途上，他已妥善的應用史料，而於歷史的低限中，創造了無限。

基本上，作爲人類，再怎麼說，都不能把我們的歷史回憶，推進到足夠遠和足夠廣的程度（遠是針對時間而言，廣是針對空間而言）。雅斯貝斯（Karl Jaspers, 1883～1969 A. D.）說：

> 作爲整體，歷史仍意味著有它的界限，在同非歷史的東西、史前，
>
> 和歷史以外的東西比較之下，我們才能感覺到這些界限。〔註24〕

時間上，司馬遷屢稱：「五帝、三代之記尚矣（〈三代世表〉）」；「殷以前尚矣（〈漢與以來諸侯王年表〉）」；「神農以前尚矣（〈曆書〉）」；「自高辛之前尚矣（〈平準書〉）」。更不用說，在這之前，無始以來的漫長歲月。雖然「日有食之」，但日升日落，已不知經歷幾千億萬回，在遙遠的天邊，它依然循環交替的帶來萬丈的光茫與幽暗的夜幕。雖然「河有決之」，但大地江河，總是挾著泥沙，萬古同然，無怨無悔的流向茫茫汪洋。「草原欣榮，百卉奔放」，榮枯似乎永無止境的循環著，而山嶽屹立，萬古無傷。這些東西讓人覺得，不論人世的變遷如何，它們的昇降、成毀、輪迴、屹立，總是一成不變的繼續下

〔註24〕雅斯貝斯（亦有譯作雅士培）（Karl Jaspers, 1883～1969），〈論歷史的意義〉，《現代西方歷史哲學譯文集》（台北：谷風出版社，民國 76 年 11 月），頁 45。

去。於是在歷史的時間中，它們變得理所當然甚或毫無意義。在司馬遷看來，除非是它們到了反常的地步，而影響了人們的生活，或者人們必須依著它們的循環變化而配合著去過他們的生活，才成為歷史注意的目標。在此司馬遷劃開了自然與歷史。

處在工業革命之後，科學時代來臨的威爾斯（Herdert George Walls, 1866～1946 A. D.），寫下他的名著《世界史綱》時，在他的書前，曾略為提及了歷史與時空、生物起源，然後從魚類時代、沼澤時代、爬蟲類時代、哺乳類時代，直到人類出現為止。但是篇幅並不很多，顯示歷史的重心，仍在人類的生活。不過二千年前的司馬遷時代，科學沒有今日的發達。對自然界的知識，不能與今日相比，也根本沒有生物演化的觀念。文獻上，我們也無從明確地斷定太史公如果生在威爾斯時代，是否也會略為一提大自然的歷史，以引進人類的生活。但從太史公寫〈五帝本紀〉，斷然地從黃帝開始看來，他所秉持的觀念應該是「其於所不知，蓋闕如也」以及「疑者缺之（〈高祖功臣侯者年表〉）」或「疑以傳疑（〈三代世表〉）」。換言之，可靠的歷史知識的終點，即是太史公歷史敘述的極限。

二、由不明所造成的歷史限度——測不準原理〔註25〕

前述的「不知」，是由歷史的時間長度與空間廣度等的客觀因素所造

〔註25〕量子或波動力學的測不準原理（Uncertainly Principle）是說：
欲同時正確的獲知一粒子之動量及其位置，係一不可能之事。其原理如下：我們要想知道一質點存在的位置或其動量，必須用某種方法去測定。但由於質點太過微小，祇有使用光的反射去測定才可以，當光子與質點發生撞擊時，彼此間會發生動量的傳遞。這就像打撞球一樣，被撞擊的球動量會增加，而去撞的球，動量會減少。我們使用光子來採知質點的位置時也一樣。光子的反射給了我們信號，但光子把部份的動量交給了質點，於是質點的動量產生變化。又光本身有兩種性質，一種是波性，一種是質點性。以光波去探測一質點的位置時，精確的範圍應在一個波長之內。因此我們必須儘量選擇波長較短的光來作探測，以使其位置儘可能的精確。但問題是，波長愈短的光，其量能愈大，以之撞擊質點，則質點動量的變化就愈大而測不準了。反之用能量較小的光去探測，但因波長相對的較長，故位置就變得不精確了。
至於歷史學的測不準原理，我的定義範疇有三：
一是指當兩種思想或理念，皆可能引起同一行為或行動時，我們無從確定其人的真正想法是那一種。
二是指歷史事件的長久因果相生，無法從某處切斷，而明辨因果。
三是指超然存在對歷史正義操控的穩定度，或者是超然存在本身是否存在的不確定性。

成。而不明則是對歷史人事透視的深度所造成。對於歷史的人事，如果僅給予表面的觀照，自然易於建立某種判斷，但這種判斷有時會是錯誤的。然而深入事理的究竟之後，是否就能夠了解其中的一切呢？其實未必。有時候，愈是深入，愈是迷惑，這種迷惑個人稱之為「歷史的測不準原理」。太史公在探究歷史之時，就偶有這種情形發生。當這種情形發生時，他處理的方式有三：

一是不表示判斷，〈高祖本紀〉載，項羽欲與漢王單獨挑戰，漢王在數項羽十條大罪之後說：「吾以義兵從諸侯誅殘賊，使刑餘之人擊殺項羽，何苦乃與公挑戰！」項王大怒，伏弩射中漢王，漢王傷匈，乃捫足曰：「虜中吾指」。此處司馬遷只舖敘事實。但對於劉邦傷了胸部，卻去摸腳的行為，沒有說明；亦即未呈現劉邦的理念。以致後人產生疑惑，司馬貞（《索隱》）就說：

> 中匈而捫足者，蓋以矢初中痛悶，不知所在故爾。「或者」，中匈而捫足，權以安士卒之心也。

這時司馬遷無法推知劉邦之心，自己又沒有中箭的經驗，所以只好存在不論了。

司馬遷處理測不準的事理之第二個方式是僅作表面的判斷。〈高祖本紀〉又載：

> （漢）六年，高祖五日一朝太公，如家人父子禮。太公家令說太公曰：「天無二日，土無二主。今高祖雖子，人主也；太公雖父，人臣也。奈何令人主拜人臣！如此則威重不行。後高祖朝，太公擁篲，迎門卻行。高祖大驚，下扶太公。太公曰：「帝，人主也，奈何以我亂天下法！」於是高祖乃尊太公為太上皇。心善家令言，賜金五百斤。

司馬遷見劉邦賜金五百斤予家令，則其所說的「心善家令言」是想當然耳。我們要問的是，劉邦之善家令言，到底是正面的接受，還是反面的啟發。事實上，司馬貞也發現了這個問題，但他與太史公一樣，不敢斷定何者是劉邦本意。因此他在《索隱》裏，並引了二種的說法：

> 顏氏按：荀悅云：「故雖天子必有尊也，無父猶設三老，況其存乎？家令之言過矣。」晉劉寶云：「善其發悟已心，因得尊崇父號也」。

荀悅的話是針對正面的說法立論的。而劉寶的話則是針對反面的說法立論的。太史公於此只作一膚淺表面的判斷——「心善家令言」，即一語帶過了。

司馬遷處理測不準事理的第三個方法則是暫不評論，俟諸未來。〈酷吏列傳〉說：

> 孔子曰：「導之以政，齊之以刑，民免而無恥。導之以德，齊之以禮，有恥且格。」老氏稱：「上德不德，是以有德；下德不失德，是以無德。法令滋章，盜賊多有。」太史公曰：信哉是言也！法令者治之具，而非制清濁之源也。昔天下之網嘗密矣，然姦偽萌起，其極也，上下相遁，至於不振。當是之時，吏治若救火揚沸，非武健嚴酷，惡能勝其任而愉快乎！言道德者，溺其職矣。故曰：「聽訟，吾猶人也，必也使無訟乎」。「下士聞道大笑之」。非虛言也。漢興，破觚而為圓，斲雕而為朴，網漏於吞舟之魚，而吏治烝烝，不至於姦，黎民艾安。由是觀之，在彼不在此。

依太史公之言看來，他是極贊成孔子及老氏之言的，而且認為愈是網寬德厚，則姦偽不生，法令滋章，則盜賊多有。而網愈密則奸偽萌生，到極點的時候，是「上下相遁」，這時候還真需酷吏，才能勝任，所以太史公才在〈自序〉說：

> 民倍本多巧，姦軌弄法，善人不能化，唯一切嚴削為能齊之。作〈酷吏列傳〉。

但問題是，既然「漢興，吏治烝烝，不至於姦，黎民艾安」則如何吏治變壞了呢？真的是「法令滋章，盜賊多有」嗎？還是「盜賊多有，法令滋章」呢？當然自始如果作同樣的事，而法令的限制名目多了，則多陷民於罪，這是可以說「法令滋章，盜賊多有」的，但如果是「民倍本多巧，姦軌弄法，善人不能化」之後，也只好以嚴刑酷法為治具了。那麼這就是「盜賊多有，法令滋章」了。惡性循環的結果，太史公以為非酷吏不為功。但酷吏之治以後呢？用酷吏之後，就能夠回復到網寬德厚，吏治烝烝的境界嗎？還是盜益多，法益滋，吏益酷下去呢？

〈高祖功臣侯者年表〉亦云：

> 漢興，功臣受封者百有餘人，天下初定，故大城名都散亡，戶口可得而數者十二三……後數世……戶益息……小侯自倍，富厚如之。子孫驕溢，忘其先，淫嬖。至太初百年之間，見侯五，餘皆坐法隕

　　命亡國，耗矣。罔亦少密焉，然皆身無兢兢於當世之禁云。

到底是功臣子孫毫無節制的作威作福，才是一個個完蛋的主要原因，還是法網的過密才是主要原因呢？而功臣始封，德厚網寬如何又會生出淫嬖來呢，是否一開始就該嚴刑俊法以嚇阻呢？凡此種種太史公極想釐清。但整體考量的釐清之前，他也不免迷惑，一方面肯定，酷吏的稱職，一方面又認為在德不在刑，而這中間變化的過程又是如何？這個接近問題根源時候的測不準，造成太史公的歷史限度，於是他暫時不去評論而提出欲藉《史記》來「通古今之變」的說法。

　　他在深入歷史的事理中又發現，善人未必有好報，而對傳統的天道觀有了懷疑。〈伯夷列傳〉說：

　　或曰：「天道無親，常與善人。」若伯夷、叔齊，可謂善人者非邪？
　　積仁絜行如此而餓死！且七十子之徒，仲尼獨薦顏淵為好學。然回
　　也屢空，糟糠不厭，而卒蚤夭。天之報施善人，其何如哉？盜蹠日
　　殺不辜，肝人之肉，暴戾恣睢，聚黨數千人橫行天下，竟以壽終。
　　是遵何德哉？此其尤大彰明較著者也。若至近世，操行不軌，專犯
　　忌諱，而終身逸樂，富厚累世不絕。或擇地而蹈之，時然後出言，
　　行不由徑，非公正不發憤，而遇禍災者，不可勝數也。余甚惑焉，
　　儻所謂天道，是邪非邪？

但他不敢以少數的例子做論斷，而等到整部《史記》完成；透過全面的論述才去解決「天人之際」這個問題。〈報任安書〉云：

　　僕竊不遜，近自託於無能之辭，網羅天下放失舊聞，考之行事，稽
　　其成敗與壞之理，凡百三十篇，亦欲以究天人之際，通古今之變，
　　成一家之言。

不論如何，以上這些問題都構成司馬遷著史過程中的迷惑。但他的處理方式十分高明也十分慎重，小問題存而不論或論而不議，大問題，則欲透過歷史，讓歷史自己去呈現。

三、由不察所造成的歷史限度

　　由不察所造成的歷史限度，係指錯誤或矛盾的「歷史」而言。而造錯誤與矛盾的原因，如屬原始無法判定錯誤的史料，仍舊是客觀上的限制。而主觀上的限制乃指，太史公應注意而未注意所造成的缺失。例如：〈六國年表〉

云：「韓姬弒其君悼公」。牛運震就說：

> 按：韓無悼公，政不知韓姬所殺何人也。〔註26〕

〈韓世家〉云：「（昭侯）十年，韓姬弒其君悼公」。牛運震也說：

> 按昭侯首尾二十六年中間，忽云「韓姬弒其君悼公」，不知悼公何君，
> 亦不知悼公與昭侯何屬，又不知韓姬是韓何人也。此太史公記載省
> 略不明。〔註27〕

又如〈田儋傳〉載項梁促齊發兵共擊章邯，田榮說：「使楚殺田假……迺肯出
兵。」楚懷王說：「田假與國之王，窮而歸我，殺之不義。」但趙翼指出，〈項
羽本紀〉中，楚懷王這段話是項梁說的。〔註28〕趙翼又指出〈酈生陸賈列傳〉
附〈朱建傳〉云：

> 平原君朱建……事黥布。布欲反時，問平原君。平原君非之，布不
> 聽……遂反。漢已誅布，聞平原君諫不與謀，得不誅。語在〈黥布
> 語（傳）〉中。

但按之〈黥布傳〉無此語。〔註29〕

此外王鳴盛的《十七史商榷》卷三「餘祭年表誤」條及卷四「魯世家與
年表相違」條，也指出了《史記》的錯誤與矛盾處。至於梁玉繩的《史記志
疑》，更是指出許多錯誤乖舛以及可疑之處。例如〈十二諸侯年表〉載周敬王
三十五年，（齊）鮑子殺悼公。梁玉繩即評論說：

> 案悼公之弒，左傳但云齊人……齊人者，陳恆也……夫弒君大逆，
> 何可輕誣。況牧已于前二年爲悼公所殺，安得起九京而加以弒逆之
> 惡名乎。〔註30〕

又如〈司馬穰苴列傳〉云：

> 至常曾孫和，因自立爲齊威王，用兵行威，大放穰苴之法，而諸侯
> 朝齊。

梁玉繩以爲：

> 此乃傳寫譌倒，當云：「至常曾孫和，自立。因爲齊威王。」因是威

〔註26〕牛運震，《讀史糾謬》，卷一〈史記六國年表條〉（山東：齊魯書社，1989年6
月），頁23。
〔註27〕見同註26，〈韓世家條〉，頁48。
〔註28〕《廿二史箚記》，卷一〈史記自相歧互處條〉。
〔註29〕見同註28。
〔註30〕《四史辨疑·史記志疑卷八》。

王名。《索隱》知此文之誤，而所說則非也。〔註31〕（國平按：田敬
仲完世家云：「桓公卒，子威王因齊立。」）

不過由上述例子看來，《史記》錯誤、乖舛、疑點雖不少，但其中也有不少可
能是傳抄、評註、妄補以及刊刻等所造成，不可把所有的疏失都算在太史公
的帳上。不過無論如何，幸虧此類錯誤所造成的歷史限度最小，而不會抹去
或抹黑太多的歷史。

　　以上略示太公之歷史限度，除了可以知道司馬遷著《史記》所受的限制
之外，主要亦在說明，沒有什麼東西是完美的，只要存在，就必有缺失在。
所以我們不可太過苛責太史公。畢竟，在那樣的時代中，他已盡力的網羅了
天下放失的舊聞，並且「原始察終」，「論考之行事」，協和了六經的異傳，整
齊了百家的雜語，而完成了到目前為止最偉大的史著。

〔註31〕見同註30，卷二十七。

第三章　司馬遷對歷史的一些基本理念

第一節　歷史的開端
——本紀自黃帝始所呈現的歷史理念

　　《史記》五體中的本紀，乃司馬遷敘述歷史進程的粗綱。而司馬遷在《史記》五體既定之後，所面臨的第一個問題便是決定誰有資格成為第一個進入中國歷史的「人物」。這個「人物」，代表著司馬遷眼中，中國歷史的開端。「他」雖只是當時部落的共主，但在國史上，卻具有無上的尊榮；無比的地位，而「他」之所以入選，顯示了司馬遷對歷史的某種理念與具體的解悟。

一、源遠流長與避免神話的抉擇

　　在顧頡剛看來，歷史愈往後，則史家所塑造的歷史起源即愈前。他的這種累層造成說，〔註1〕反應了歷史家一定程度的歷史溯源心理。無疑的，司馬遷必須對歷史溯源（因為他寫的是通史，而且他也有這個興趣，否則他依《尚書》「獨載堯以來」即可，不必依「文不雅馴」的《百家》去言黃帝）。但司馬遷卻絕非如此單純的依此法則去建立他的〈黃帝本紀〉。在他的觀念中，中國歷史的第一人，必須是號「人物」。

　　由《史記》可知，黃帝以前或同時，泛傳說中的帝王人物，司馬遷已經知道的，至少有天皇、地皇、泰皇〔註2〕、無懷氏、虙犧氏、泰帝、太帝、炎

〔註1〕　《古史辨》（台北：藍燈出版社，民國 76 年），第一冊，頁 52，第七冊，頁97。

〔註2〕　《史記・秦始皇本紀》：「廷尉斯等皆曰：臣等謹與博士議曰：『上古有天皇，有地皇，有泰皇，泰皇最貴。』……」。

帝、神農氏及伏羲〔註3〕等。這些帝王的年代雖大抵皆比黃帝久遠，但他並未採之以為本紀初王。蚩尤為暴、無懷氏之事蹟又鮮可攷見，二者固無足論。但虙犧氏、神農氏、天皇、地皇、泰皇（即人皇、太帝、泰帝）等之功烈，自古相傳，總可或述。尤其庖犧氏（即虙犧氏、宓犧氏）的王天下，「仰則觀象於天，俯則觀法於地。觀鳥獸之文與地之宜。近取諸身，遠取諸物……作結繩而為網罟，以佃以漁。」神農氏的「斲木為耜，揉木為耒。耒耨之利，以教天下……日中為市，致天下之民，聚天下之貨，交易而退，各得其所。」〔註4〕乃所謂「觀乎天文，以察時變，觀乎人文，以化成天下」〔註5〕者，仍未有幸列為本紀王。其最大原因，應該是他們並非「人物」。從司馬貞所補的〈三皇本紀〉中，我們可以略知這些所謂的三皇何模樣；又有何怪誕的事蹟：

> 太皞庖犧氏，風姓……母曰華胥，履大人迹於雷澤，而生庖犧氏於成紀，蛇身人首。
>
> 女媧氏，亦風姓，蛇身人首……諸侯有共工氏……與祝融戰，不勝而怒，乃頭觸不周山。天柱折、地維缺。女媧乃鍊五色石以補天，斷鼇足以立四極。炎帝神農氏……母曰女登。感神龍而生炎帝。人身牛首。
>
> 一說三皇謂天皇、地皇、人皇……天地初立有天皇氏，十二頭……兄弟十二人，各立一萬八千歲。地皇十一頭……姓十一人……亦各萬八千歲。人皇九頭……兄弟九人，凡一百五十世，合四萬五千六百年。

基本上這樣的三皇，司馬遷是視為「怪物」的。他在〈大宛列傳〉贊〔註6〕就

〔註3〕《史記·封禪書》載管仲之言曰：「昔無懷氏封泰山，禪云云；虙犧氏封泰山，禪云云，黃帝封泰山禪云云……」。又載有司之言曰：「聞昔泰帝興神鼎一……」。又載或者之言曰：「太帝使素女鼓五十弦瑟」。司馬貞以為泰皇即太昊。
　　《史記·五帝本紀》亦載神農與炎帝事。
　　《史記·曆書》太史公曰：「神農以前尚矣」。
　　《史記·貨殖列傳》，太史公曰：「夫神農以前，吾不知已」。
　　《史記·太史公自序》，太史公曰：余聞之先人曰：「伏羲至純厚，作《易八卦》……」。
〔註4〕見《易·繫辭下》。
〔註5〕《易·賁卦·象》曰：「小利有攸往，天文也。文明以止，人文也。觀乎天文，以察時變；觀乎人文，以化成天下」。
〔註6〕案《左氏》有君子曰；《史記》有太史公曰；《漢書》有贊曰，而《漢紀》有

曾說過：「《禹本紀》、《山海經》所有怪物，余不敢言也」。何以不敢言，因為這些怪物，必定是絕對神話的產物。無稽而不足信，故不可以之為歷史。這或許就是何以《易》難推言庖犧氏、神農氏，而〈太史公自序〉引其父之言「自周公卒，五百歲而有孔子，孔子卒後至於今五百歲。有能紹明世，正《易傳》，繼《春秋》，本《詩書禮樂》之際？」中所稱明世當紹，《春秋》當繼，《詩書禮樂》當本，唯《易傳》需「正」的緣故吧！

三皇既然是怪而非人，豈可做為中國歷史的第一人。雖然源遠流長的歷史，為人們所嚮往，甚至連張衡那樣的科學家，都認為「《易》稱宓犧氏王天下。宓犧氏沒，神農氏作。神農氏沒，黃帝、堯、舜氏作。史遷獨載五帝，不記三皇，今宜並錄。」〔註7〕就難怪小司馬忍不住要替司馬遷補〈三皇本紀〉了。而在今文經學大昌、陰陽讖緯橫流、方士積極活動的情況下，司馬遷對本紀初王的人選，雖以歷史的源遠流長為考慮，但卻以「人」、「怪」之分做為基本的判準，可見他的勇氣與史識之不凡。

此處必需說明的是，史公特別重視「歷史」的開端，故嚴辨人怪之分。也就是說，「人怪之分」，這個標準在「歷史第一人」的身上，用的很嚴格。至於一些篇章之中，由於某種特殊的因素而用的較鬆，故可見神話之遺。如〈殷本紀〉載契母簡狄吞玄鳥之卵因孕生契；〈周本紀〉載后稷之母姜原出野，踐巨人之足跡後，身動如孕者，結果生了后稷。而〈秦本紀〉亦載女脩吞玄鳥之卵而生大業。這是因為先民之世，生理學不發達，且可能尚在母系社會時代，故有這一類的神話傳說。而《詩、書、秦記》既載此事，故史公遂采以為說。其中或許也有特別保留原詩史所載先民傳說之意。至於〈高祖本紀〉所載類似之事，則或係漢初陰陽讖緯橫流，高祖起匹夫，於是某些人遂附會一些異徵在他身上，以成所謂「感生」、「受命」之說，而史公亦疑以傳疑的予以保留了一些。但上述這些篇章仍有一共通之處，是即所有的開國之君，絕對有其先人可稽，絕對是「人」所生，而非怪物，且殷、周、秦之先祖更可推源到黃帝的身上。故可以說史公並非迷信之人，尤其是在決定誰是進入「歷史」的第一人之時。

論：《東觀漢記》有序：《三國志》有評……今為方便計，凡《史記》各篇中之太史公曰，在篇前者稱「序」；在篇後者稱「贊」。

〔註7〕《漢書·張衡傳》：「及（衡）為侍中……又條上司馬遷班固所敘與典籍不合者十餘事」。師古注曰：「衡集其略曰『易稱宓戲氏王天下，宓戲氏沒，神農氏作，神農氏作，黃帝堯舜氏作。史遷獨載五帝，不記三皇，今宜並錄。』」

二、考信原則之折衷調和

司馬遷在源遠流長的歷史嚮往中，以人怪之分做為取捨本紀初王的第一判準之後，文獻與典籍中神話部份的清理，已告一段落，剩下的就只有「傳說」〔註8〕了。當然傳說也不是全可採信的，於是司馬遷提出了他的第二個判準，是即〈伯夷列傳〉所說的「考信於六藝」、〈孔子世家〉贊所稱的「折衷於夫子」及驗證於實地調查。

當他處理有關黃帝的傳說時，他發現，「五帝」在學者間的流傳是很廣的（學者多稱五帝）而且流傳了很久（尚矣）。但是《尚書》卻只記載堯以來的事蹟（《尚書》獨載堯以來），不過《百家》這部小說家書，反而談到黃帝，但文辭不是很正確合理（而《百家》言黃帝，其文不雅馴），因此連士大夫甚至是史官都很難說得清楚（薦紳先生難言之）。既然六藝中的《書經》未見記載，而小說家言的《百家》卻有記載，依據〈伯夷列傳〉所云：「學者載籍極博，猶考信於六藝」的原則，則應從《尚書》而度《百家》才對。如何司馬遷仍以黃帝為本紀首呢？原來他認為《尚書》雖不載黃帝事，但孔子所傳的〈宰予問五帝德〉及〈帝繫姓〉〔註9〕卻有記載。只是「儒者或不傳」而已。既云「或不傳」，則儒生中有傳習者，有不習者。易言之，有信之者，有不信者；有知之者，有不知者。可見黃帝此人在學者之中，乃一有爭論性的人物。但是至少大多數的學者，仍常常提到「五帝」是不會錯的。

當六藝所載相合時，即使資料稍微缺乏，在司馬遷看來，問題不大。例如《尚書》載堯、舜以來。《易》稱「庖羲氏沒，神農氏作」，「神農氏沒，黃帝、堯、舜氏作」。而《大戴禮》載黃帝、顓頊、高辛、堯、舜等五帝。其中堯、舜是受到一致的肯定的，故太史公無所質疑。而《論語》更有〈堯曰〉之篇。〈泰伯〉之篇亦見稱美堯舜的話：

> 子曰巍巍乎！禹舜之有天下也，而不與焉。
>
> 子曰：大哉堯之為君也！巍巍乎！唯天為大，唯堯則之。蕩蕩乎！
> 民無能名焉。

但是對於黃帝其人，六藝本身於此事之記載，卻是《尚書》獨載堯以來，而

〔註8〕 神話與傳說本難釐清，此處所云之「傳說」，專指太史公西至空桐，北過涿鹿，東漸於海，南浮江淮之時，長老所「往往稱黃帝、堯、舜之處」的不同風教之說。

〔註9〕 〈宰予問五帝德〉及〈帝繫姓〉為《大戴禮》之兩篇。

《易》則稱黃帝垂衣裳治天下。〔註10〕現在司馬遷只好折衷於夫子之言了。但整部最足以代表夫子言論的《論語》，卻只見讚美堯舜而未見論及黃帝。至此司馬遷仍不敢魯莽的論斷無黃帝其人其事，於是他祭出了最後的法寶——以昔日實地之考查來驗證黃帝之事蹟與傳說：

> 余嘗西至空桐，北過涿鹿，東漸于海，南浮江淮矣，至長老皆各往往稱黃帝、堯、舜之處，風教固殊焉，總之不離古文者近是。（〈五帝本紀贊〉）

從黃海到空桐，從江淮到涿鹿，這麼廣大的地域，都有長老各「往往」稱黃帝、堯、舜之處。雖然這些地方的風俗教化因時空之不同而有不同之處，但有個共同的現象，就是——不違背古文記載的說法，似乎較接近事實。於是司馬遷回頭再看《春秋》、《國語》等書，發現這些書闡發證明〈五帝德〉及〈帝繫姓〉的地方，實在很明顯，只是一般人沒有深入的思考，事實上〈五帝德〉及〈帝繫姓〉所述的都不是虛構的（予觀《春秋》、《國語》，其發明〈五帝德〉、〈帝繫姓〉章矣，顧第弗深考，其所表見皆不虛）。要知道司馬遷的實地調查，並非毫無計畫之漫遊，他所調查的四至，是典籍記載黃帝曾到過的地方，而長老們說辭的相應於典籍，才使司馬遷相信，〈五帝德〉及〈帝繫姓〉所言之非虛。

司馬遷花了這麼多的精神體力去驗證，終於判定《尚書》的記載有闕漏的地方，從而建構了以黃帝爲首的〈五帝本紀〉。他知道，自己做這樣的一個選擇，可能不爲人所諒解，但他仍然擇善固執的「截斷巨流，從中撈取」。於是他半爲解釋，半爲感嘆的寫下了他歷史性的決定：

> 《書》缺有閒矣，其軼乃時時見於他說。非好學深思，心知其意，固難爲淺見寡聞道也。余并論次，擇其言尤雅者，故著爲本紀書首。
> （〈五帝本紀贊〉）

當然，做爲中國歷史第一人的黃帝，其形象必須是良好的，其事理是必須說得通的。所以司馬遷附帶的提出「擇其言尤雅者」而「著爲本紀書首」，顯示了歷史對人之教化有著示範的作用。

三、歷史研究對象之呈現

歷史一詞，就時間的斷限而言，其原初所指，應是指「過去所發生的事」。

〔註10〕見《易・繫辭下》。

而經過史家理智思考重建的結果，就成了「歷史的過去」。如果史家再加以連結這些重建的結果，即成為「史著」了，〔註11〕這是歷史三個層次的含義。不過，這不是這裏所要討論的。這裏所要探討的是，歷史研究的對象，到底包括了那些東西。而且此處，我們把範圍縮小到〈五帝本紀〉中的黃帝部分。也就是說，以正式列為本紀第一人的黃帝為對象，察看與他有關的重大事物，究竟包含了什麼。

（一）權力的形成

本紀之體，如未敘及權力中心，則不成其為本紀，這是相當重要的。但黃帝既為帝王的第一人，則其權力非繼承而來，故需列述其權力的形成。〈五帝本紀〉上說：「軒轅之時，神農氏衰，諸侯相侵伐，暴虐百姓，而神農氏弗能征，於是軒轅乃習用干戈，以征不享，諸侯咸來賓從」，此其一。「炎帝欲侵陵諸侯，諸侯咸歸軒轅。軒轅乃修德振兵……撫萬民……三戰，然後得其志」，此其二。「蚩尤作亂……於是黃帝乃徵師諸侯，與蚩尤戰於涿鹿之野，遂禽殺蚩尤，而諸侯咸尊軒轅為天子，代神農氏，是為黃帝」，此其三。至此黃帝的權力才算鞏固，並有了保障。

（二）國家的大事（此時自然尚無現代所謂國家之概念，此處係泛稱）

所謂國之大事，是在制度行政之外的一些作為，此為黃帝的特殊功業，不必所有的君王皆有，所以司馬遷記之。〈五帝本紀〉云：「有不順者，黃帝從而征之，平者去之，披山通道，未嘗寧居……北逐葷粥，合符釜山，而邑于涿鹿之阿……萬國和，而鬼神山川封禪與為多焉」。戎與祀正是黃帝的兩件大事。

（三）國家的疆域

開創時代，武力威服的區域即為國家權力所達到的範圍。〈五帝本紀〉云：「東至於海，登丸山，及岱宗。西至於空桐，登雞頭。南至於江，登熊湘。北逐葷粥，合符釜山，而邑於涿鹿之阿」。司馬遷指出了黃帝疆土的四界，這是一大卓識。

（四）國家的制度行政

本紀載黃帝「遷徙往來無常處，以師兵為營衛。官名皆以雲名，為雲

〔註11〕見許冠三，《史學與史學方法》（台北：萬年青書店），頁1。

師。置左右大監，監于萬國……舉風后、力牧、常先、大鴻以治民。順天地之紀……節用水火材物。」大略的標舉了他的用人與行政。

（五）曆　法
〈五帝本紀〉說他「獲寶鼎，迎日推筴。」是即推曆數以逆知氣節日辰之將來。〔註12〕

（六）崩亡與傳承
幾乎所有開創一代的權力人物，司馬遷必明其出處。本紀云：「黃帝者，少典之子，姓公孫，名軒轅……」而於其崩亡及後繼則云：「嫘祖爲黃帝正妃，生二子，其後皆有天下。黃帝崩，葬橋山，其孫昌意之子高陽立，是爲顓頊也。」

以上六事，無一不與人民發生關係，故人民自也是歷史的對象之一。當然，上述這些史事，並非太史公憑空想像而來，而是他根據《大戴禮》的〈宰予問五帝德〉及〈帝繫姓〉這兩篇所編纂的。前人對於邃古幽渺之世，而能理出如此之記載，實非易事。後世日淺，所記內容趨繁，已不可同日而語了。

總之，從〈黃帝本紀〉及其論贊的推究，我們發現司馬遷摒棄了神話與傳說中無稽不可信的部份，並且以實地的考查去印證史實，在那樣的一個時代裏，他表現了科學與理性。同時，他所關心的是「人」的事與「人」的行爲，而有著人文的色彩，最後經由其探究，我們找到了相對的歷史源頭。雖然在這個時代，對任何的事情，似乎都必須存疑，〔註13〕但由於時空的限制，我們必須從歷史中學習對現實的忍耐，並且尊重司馬遷因無意的武斷附會，或其他客觀因素限制，所產生的可能欺騙。否則所有的歷史將失去其意義，除非我們親眼看到那一切。

第二節　從《史記》的五體建構看司馬遷的方法意識

一、《史記》五體的來源與交互補貼作用
《史記》的本紀、表、書、世家及列傳五體，其來源或出於史公之創發，

〔註12〕見司馬貞，《索隱》。

〔註13〕在西方，自從物理學上的「相對論」與量子力學中的「測不準原理」被提出之後，人們已不再相信這個世上還有永恆不變的科學定律，其於歷史之研究亦然。

或擷取前人之菁華，要之是經過太史公之融合斟酌而後定。而所採五體之建構，其中又有著互相闡發的意義在內，雖非缺一不可，但終究是有一定的牽連關係的。

（一）五體的來源

1.「本紀」的來源

本紀之名，劉知幾以為司馬遷是取法《汲冢竹書》及《呂氏春秋》的。他在《史通・本紀篇》說：

> 昔《汲竹書》是曰紀年，《呂氏春秋》肇立紀號。蓋紀者，綱紀庶品，網羅萬物。考篇目之大者，其莫過於此乎？及司馬遷之著《史記》也，又列天子行事，以本紀名篇。

劉勰也以為出自《呂氏春秋》，其言曰：

> 甄序帝勣，比堯稱「典」，則位雜中賢；法孔題「經」，則文非元聖，故取式《呂覽》，通號曰紀。（《文心雕龍・史傳篇》）

但二劉皆係就紀之一字而言，於太史公何以稱「本紀」，並未加以說明，故二人之言，雖不可謂之錯誤，但仍未為篤論。實則，在太史公之前，就已有「本紀」之名，而為太史公所本。〈大宛列傳〉說：

> 太史公曰：《禹本紀》言「河出崑崙……」。今自張騫使大夏之後也，窮河源，惡睹本紀所謂崑崙者乎？故言九州山川，尚書近之矣。至《禹本紀》、《山海經》所有怪物，余不敢言之也。

其中之《禹本紀》應該就是司馬遷本紀名稱的淵源所在。然專以本紀敘列帝王事蹟，卻是太史公所自創（蔡師信發信以為「本紀者，根本之紀載也」，亦一說也）。

2.「表」的來源

司馬遷的表，大概是仿譜諜之類之書而來。他在〈三代世表〉說：

> 余讀《諜記》，黃帝以來皆有年數。稽其曆譜諜終始五德之傳，古文咸不同，乖異。夫子之弗論次其年月，豈虛哉！於是以《五帝繫諜》、《尚書》集世紀黃帝以來訖共和為〈世表〉。

〈十二諸侯年表〉也說：

> 太史公曰：儒者斷其義，馳說者騁其辭，不務綜其終始；曆人取其年月，數家隆於神運，譜諜獨記世諡，其辭略，欲一觀諸要難。於

是譜十二諸侯，自共和訖孔子，表見《春秋、國語》學者所譏盛衰

大指著於篇，爲成學治古文者要刪焉。

可見譜諜、曆譜家簡單的年月表及陰陽家載有年月的書，都是太史公十表體例之所本。故劉知幾《史通‧表曆篇》之推言：

蓋譜之建名，起於周代，表之所作，因譜象形。故桓君山有云：「太

史公〈三代世表〉旁行邪上，並效周譜。」此其證歟！

是有道理的。不過就「並時異世，年差不明」而爲表以救之及利用表以「察其終始、稽其成敗興壞之故」而言，卻是太史公運用表的獨到之處。

3.「書」之來源

書之一體，衡諸史公之前的典籍，未之嘗見。至於劉知幾之言：

夫刑法、禮樂、風土、山川，求諸文籍，出於三禮。及班、馬著史，

別裁書志。考其所記，多效禮經。（《史通‧書志篇》）

及王鳴盛之說：

《史記》八書，采《禮記》、《大戴禮》、《荀子》、《賈誼新書》等書

而成。〔註14〕

只是針對八書所記內容及取材而言。故談到「書」這種體例的來源，則趙翼的話：「八書乃史遷所創。」〔註15〕爲得其實。

4.「世家」的來源

世家一體之來源，較有爭議。日本人瀧川資言說：

孟子曰：「仲子，齊之世家也」，猶言世祿之家。以爲史目，與本紀、

列傳并稱，蓋自史公創。〔註16〕

但趙翼卻說：

《史記‧衛世家贊》余讀世家言云云，是古來本有世家一體，遷用

之以記王侯諸國。」（《廿二史箚記》，卷一）

盧喬南指出：

（陳杞世家載）舜之後，周武王封之陳……有世家言。禹之後，周

武王封之杞，有世家言。契之後爲殷，殷有本紀言。殷破，周封其

〔註14〕王鳴盛，《十七史商榷》，卷三〈八書所本〉條，收於《王鳴盛讀書筆記十七
　　　　種》（台北：鼎文書局，民國68年9月），頁29。

〔註15〕趙翼，《廿二史箚記》卷一（台北：鼎文書局，民國68年），頁1。

〔註16〕瀧川龜太郎，《史記會注考證》，〈史記體制條〉（台北：洪氏出版社，民國75
　　　　年9月），頁1402。

　　　後於宋，有世家言……。

其意在說明〈衛世家〉中，太史公「余讀世家言」云云的「世家言」指的是
太史公所作的〈衛世家〉。換言之，非古有世家之體。亦即他反對趙翼之說，
而同意瀧川之論。

　　誠然〈衛世家〉中太史公所云之「世家言」是太史公所作。但就這樣武
斷的說「蓋自史公創」卻也不妥。因爲〈陳杞世家〉也說：

　　　皋陶之後，或封英、六，楚穆王滅之，無譜。

因爲無譜，所以就沒有世家言。其他有譜的，都有世家言。可見世家一體亦
有所淵源，如謂是太史公發而明之；無疑是較爲恰當的。

　　5.「列傳」的來源

　　「傳」之名稱，本始左氏。劉勰《文心雕龍・史傳篇》說：

　　　丘明同時，實得微言，乃原始要終，創爲傳。

但「列傳」之爲史體而爲史公所創，應無疑義。趙翼《廿二史箚記》卷一
說：

　　　古書凡記事、立論及解經者，皆謂之傳，非專記一人事蹟也。其專
　　　記一人爲一傳者，則自遷始。

不過近人丁山卻說：

　　　按〈陸賈傳〉云：「語在〈南越語中〉，則列傳之體，初蓋擬仿《國
　　　語》」。〔註17〕

就四夷諸傳而論，其言也有一定的眞實。至於〈伯夷列傳〉所云「其傳曰」
的「傳」字，正是史公所名，《呂氏春秋》載伯夷之事，亦並非史公所謂之「傳」，
而《韓詩外傳》之傳，殆與《春秋外傳》之傳同。因此「列傳」之體，還是
可以認定是史公所創的。

　　總上所述，《史記》五體的來源可以說，本紀有所承襲，十表有所因革，
八書是太史公之創立，世家乃司馬遷的「發明」，而列傳也是司馬遷的創建，
要之，創發是多於因革的。

　　（二）《史記》五體的交互補貼作用

　　劉知幾《史通・二體篇》說：

────────────

〔註17〕盧南喬，〈論司馬遷及其歷史編纂學〉註3，見《司馬遷──其人及其書》（台
　　　　北：長安出版社，民國76年9月），頁97。

　　丘明傳《春秋》，子長著《史記》，載筆之體，於斯備矣。

這是說編年及紀傳二體為史書體製之全備。但二者又各有其優劣。劉知幾
說：

　　必辨其利害，可得而言之。《春秋》者，繫日月而為次，列歲時以相
　　續，中國外夷，同年共世，莫不備載其事，形於目前。理盡一言，
　　語無重出。此其所以為長也。至於賢士貞女，高才儁德，事當要衝
　　者，必盯衡而備言；迹在沈冥者，不枉道而詳說。如絳縣之老，杞
　　梁之妻，或以酬晉卿而獲記，或以對齊君而見錄。其有賢如柳惠，
　　仁若顏回，終不得彰其名氏，顯其言行。故論其細也，則纖芥無遺；
　　語其粗也，則丘山是棄。此其所以為短也。

　　《史記》者，紀以包舉大端，傳以委曲細事，表以譜列年爵，志以
　　總括遺漏，逮於天文、地理、國典、朝章，顯隱必該，洪纖靡失。
　　此其所以為長也。若乃同為一事，分在數篇，斷續相離，前後屢出，
　　於〈高紀〉則云事在〈項傳〉；於〈項傳〉則云事具〈高紀〉。又編
　　次同類，不求年月，後生而擢居首帙，先輩而抑歸末章，遂使嘆之
　　賈誼將楚屈原同列，魯之曹沫與燕荊軻並編。此其所以為短也。(《史
　　通‧二體》)

就編年的缺失而言，紀傳可以補其不足，而紀傳之失，又有以事為綱的「紀
事本末體」可以補之。但紀事本末體終究未能囊括二體的所有優點，蓋紀事
本末體既無法以時間貫通全史；亦無以見人物的先後及其全幅的精神事跡。
而《史記》於此三者之中，其本紀、世家，雖以帝王、諸侯為主，但其內容
則為編年，仍時時可見年代之貫串與事件之首尾終始。其列傳亦可以見全幅
人物之精神及一生行迹，而於其人一生思想、背景、行事、功過、結局，可
以有效的展現。其有書（志），除典章制度之外，也備詳一事之終始。而十表
更是馳騁古今，歷見盛衰興替遞演之跡。而五體之互補更是可以通古今之變，
究天人之際，所以史公自許可以成一家之言。這也就是紀傳成為中國正史的
原因。至於劉氏所論缺點，一指互見之例。則時有先後，事有輕重、人有主
從，在這三種因素的考慮下，司馬遷做這樣的配置，不但不是缺點，反而是
一大優點。至如屈、賈之並傳；曹（沫）、荊（軻）之並篇，雖時隔數世，但
其人的生命情態與行事相類，并為一篇，也並無不合。

　　當然這並不是說，中國正史之體，應永承紀傳而不變。一個時代有一個時

代的特殊精神、思想與文化境況。時至民主時代，在逐步邁向法制化之時。人治的色彩減少，紀傳體的正史，勢將有所更革，這是無庸置疑的。不過二千多年前，太史公於其所取材的主要文獻中，即已看出紀事的《尚書》既「不能綜其一代之全」，編年的《春秋》（或《左傳》）亦「不能即一人而各見其本末」的缺失，並且能夠「參酌古今，發凡起例，創為全史」，就這是他的卓識了。

二、《史記》五體所呈現的方法意識

從全方位來看《史記》，可以明白史記的方法，有著個體與整體兼容並蓄的意識。而大體來說，太史公於此有個概略的分野，是即太史公對歷史作整體的透視，常展現在通古今之變的命題上；而對歷史作個體的探究，則常展現於究天人之際的命題上（〈天官書〉例外）。

首先就個體的方法而言，紀、傳就是從個體來解釋歷史的。以本紀言之，帝王是權力的象徵，他的品德、性格、作為，往往影響深遠。敘述他一生的行為事跡，亦可見民生社會之大略，如黃帝之征伐，可見天下之待平；堯的崩殂，百姓悲哀，如喪父母，三年四方莫舉樂，可見人民對他的愛戴；禹之治水，可見黃河水患的自古禍民；商湯的網開三面，可見其仁心及物；商紂淫亂，國以滅亡；幽王過寵褒似，致有驪山之禍；述秦王一生之作為，可見民力的固輕；而項、劉二紀，可見天下兩大的相爭；呂、文二朝可見干戈的偃息；景帝平七國，可見諸侯之漸大不馴；武帝之時，挾國家殷富之資，又始力事四夷，可見征兵之頻繁。這是本紀中透過帝王個人的思想行為，解釋了部分的社會現象與事實的例子，但紀的性質；又有前後傳承之意味，因此又可以整體的綜現歷史，故〈秦楚之際月表〉說：

> 太史公讀秦楚之際，曰：初作難，發於陳涉；虐戾滅秦，自項氏；撥亂誅暴，平定海內，卒踐帝祚，成於漢家，五年之間，號令三嬗，自生民以來，未始有受命若斯之亟也。

> 昔虞、夏之興，積善累功數十年……湯、武之王，乃由契、后稷脩仁行義十餘世……秦起襄公……蠶食六國，百有餘載，至始皇乃能并冠帶之倫，以德若彼，用力如此，蓋一統若斯之難也。

這是一種由個體出發，而趨向整體的歸納綜觀。

至於個體的方法，在列傳的展現，亦甚明顯。〈伯夷列傳〉說：

> 君子疾沒世而名不稱焉……伯夷叔齊雖賢，得夫子而名益彰，顏淵雖篤學，附驥尾而行益顯。巖穴之士，趨舍有時若此，類名堙滅而

不稱，悲夫！閭巷之人，欲砥行立名者，非附青雲之士，惡能施於
後世哉？

可見太史公本來就有意著述為他人立名（自比於夫子、青雲之士的推引閭巷
之砥行立名者），然而這種替個人立名的方式，最好的就是列傳之體了。不過
如果列傳的人物不能展現那一時代的精神文化思想的某一方面或不具代表
性，那麼這一作為就沒有意義了，所以司馬遷的選擇必定考慮到這個因素，
也就是說透過對這些人物的思想行為態度，可以闡釋那一時代的社會現象與
事實。例如〈佞幸列傳〉說：

諺曰：力田不如逢年，善化不如遇合，固無虛言。非獨女以色媚，
而士宦亦有之。

甚哉愛憎之時，彌子瑕之行，足以觀後人佞幸矣，雖百世可知也。

〈滑稽列傳〉說：

太史公曰：天道恢恢，豈不大哉！談言微中，亦可以解紛。

司馬遷的這兩段話，即意味著，某些事情之可由小看大，由近知遠，並且透
過個人的種種思想、態度，行徑可以歸納一些歷史的定律。而所呈現的人與
人之間的互動，則是一種宮廷的現象——帝王與臣下的異色之愛及威權籠罩
下，君臣輕鬆解決問題的一面。

又如〈酷吏列傳〉可見漢武一朝政刑之嚴苛。〈貨殖列傳〉可見工商發展
之概況，〈儒林〉可觀漢初傳經諸儒及其情形等。這顯示出類傳尤能說明闡釋
社會狀況，包括其演進之迹。

其次就方法的整體意識而言，主要展現在書、表、世家三體，茲先說書
之一體。

〈太史公自序〉說：

禮樂損益，律曆改易，兵權山川鬼神，天人之際，承敝通變，作八
書。

〈禮〉、〈樂〉、〈律〉、〈曆〉四書，以損益改易言，自有其變化、演進、升降
之跡。就其為社會現象、制度、規範言，這是一種整體的觀察，而非透過對
個體的人之探究以為解釋，並且其中還包括著時空的因素在內，至於〈天官
書〉史公雖推言「天人之際」，但這不是對個人的觀察，而是整理長久以來，
對天象人事關係的觀察而記述的一種法則，故可作為整體之觀。然而就〈封
禪書〉而言，卻又可見個體方法意識的影子。〈封禪書〉末，太史公表示「自

此之後，方士言神祠者彌眾，然其效可睹矣」。他透過漢武帝及方士等的心理及行為，闡釋了社會的迷信現象，卻不及於「俎豆珪璧之詳」及「獻酬之禮」，顯示了某些問題訴諸人與人之間的互動即可顯現而無需透過社會擬構（construct）來解釋。

至於〈河渠書〉，則也兼有整體及個體的方法意識，按理〈河渠書〉述山川沿革，水工升降，開渠塞決之事即可，然其中又有鄭國渠由來及田蚡建議武帝勿塞河之事純從韓國之陰謀及個人私心與角度描述。是整體之中又有個體方法的影子在。

八書中最後的〈平準書〉亦復如此。司馬遷說：

> 是以物盛則衰，時極而轉，一質一文，終始之變也。

這就是巨觀的透視，但司馬遷於其中又細述了一些決策的過程及個人行政的影響，而非完完全全以變為綱絡歷述平準之淵源以至最後平準政策的形成。

再就世家說。《索隱》稱：

> 系家者，記諸侯本系也，言其下及子孫常有國。故孟子曰：「陳仲子，
> 齊之世家」。又董仲舒曰：「王者封諸侯，非官之也，得以代為家也。」
> （〈吳太伯世家〉）

是世家的本義，在於呈現諸侯世祿之家的「綿綿瓜瓞，傳世久長」。到了太史公為世家一體，則已含有察諸侯首封及敗亡的過程，從而可稽其成敗興壞之理。〈燕召公世家〉云：

> 召公奭可謂仁矣！甘棠且思之，況其人乎？燕外迫蠻貉，內措齊、
> 晉，崎嶇彊國之間，最為弱小，幾滅者數矣。然社稷血食者八九百
> 歲，於姬姓獨後亡，豈非召公之烈邪！

以召公之功烈，做為燕國社稷血食久長的解釋，已是一種法則的建立。在此燕召公個人是當作整體的一部分來看待。如果僅對召公個人作探究，而不涉及燕傳世之久遠，則召公在歷史整體，尤其是〈燕世家〉的地位即無法呈現。

太史公的整體意識，有時亦表現於隨意的立論。〈晉世家〉云：

> 靈公既弒，其後成、景致嚴，至屬大刻，大夫懼誅，禍作。悼公以
> 後日衰，六卿專權，故君道之御其臣下，固不易哉！

不過太史公雖是隨意立論，其於世家之綜觀則一。他也援用社會性的法則或一種趨勢去說明歷史。〈鄭世家〉云：

> 太史公曰：語有之，「以權利合者，權利盡而交疏」，甫瑕是也。甫

瑕雖以劫殺鄭子內屬公，屬公終背而殺之，此與晉之里克何異？

他慨嘆「守節如荀息，身死而不能存奚齊。變所從來，亦多故矣（〈鄭世家贊〉）」。雖是反面的感嘆，但在本質上，仍肯定守節的荀息，而對「應對」的法則，有著一份執著。

此外值得一提的是世家中有三篇尤能顯世太史公的整體方法意識。其一即是〈外戚世家〉。太史公說：

> 自古受命帝王及繼體守文之君，非獨內德茂也，蓋亦有外戚之助焉……人能弘道，無如命何。甚哉！妃匹之愛，君不能得之於臣，父不能得之於子，況卑下乎！既驩合矣，或不能成子姓；能成子姓矣，或不能要其終：豈非命也哉？

這說明太史公承認某些事情，並非窮究個人的行為、理念，就能夠瞭解，其中非人力的因素，自然的法則等，也扮演著一定的角色，唯有透過整體宏觀的籠罩，才能看清事實。所謂「非通幽明之變，惡能識乎性命哉？」如果化約成個體的「行為」，則歷史的某些真實必將不見。

其他二篇則是〈孔子世家〉及〈陳涉世家〉。太史公將此二人提列世家，也是從他們對歷史整體的發展影響與脈絡出發的。蓋從世家去看孔子及陳涉，更可以體會「天下君王至於賢人眾矣，當時則榮，沒則已焉。孔子布衣，傳十餘世，學者宗之」以及「陳勝雖已死，其所置遣侯王將相竟亡秦，由涉首事」的意義。否則如果僅置於列傳，則於歷史整體影響的程度及其在歷史中的地位，即無法恰如其份的凸顯。於此又見史公的一大卓識。

最後談到表。鄭樵《通志》總序云：

> 《史記》一書，功在十表，猶衣裳之有冠冕，木水之有本源也。

這話正好用以闡釋太史公在十表的方法意識。也說明了十表的價值。至於劉知幾在《史通》〈表曆篇〉盛詆史公之表為無用，實在是一大偏見。[註18]事實上十表的功用除〈太史公自序〉所言「並時異世，年差不明，作十表」之外，各小序也說明了十表之用。茲不駁知幾之言，僅從方法意識上做論述。

《史記》十表所呈現的方法意識就在於全體的綜觀。這種綜觀，較之世家，

［註18］劉知幾，《史通》，卷三〈表曆篇〉云：觀馬遷《史記》則不然矣。天子有本紀，諸侯有世家，公卿以下有列傳，至於祖孫昭穆，年月職官，各在其篇，具有其說，用相考覈，居然可知。而重列之以表，成其煩費，豈非謬乎？且表次在篇第，編諸卷軸，得之不為益，失之不為損。用使讀者莫不先看本紀，越至世家，表在其間，緘而不視，語其無用，可勝道哉！

更為全面，是宏觀中的宏觀。而其展現則在序，序雖在表之前，實已結合紀傳、世家發論。故代表著太史公對史事的綜論，三代遼遠，故僅述世代之傳承，但〈十二諸侯年表〉以下，就可顯示整體的意義了。〈十二諸侯年表〉云：

> 太史公曰：儒者斷其義，馳說者騁其辭，不務綜其終始；曆人取其年月，數家隆於神運，譜諜獨記世謚，其辭略，欲一觀諸要難。於是譜十二諸侯，自共和訖孔子，表見《春秋》、《國語》學者所譏盛衰大指著于篇，為成學治古文者要刪焉。

所謂「欲一觀諸要難」，顯示其他典籍的無法一觀諸要，而他之為本表，自是欲救此一失。

〈六國年表〉主要述秦興敗之所由而旁及六國。說明秦之興以「世異變，成功大」並且「法後王」所以「俗變相類，議卑而易行」，但學者不察其終始，就把秦國的短命拿來當笑話，所以他才「著諸所聞興壞之端」，以待後之君子。他要求學者的「察其終始」即是整體的方法意識。

又如〈高祖功臣侯者年表〉，他透過整體的觀照後，下結論說：

> 漢興，功臣受封者百有餘人……至太初百年之間，見侯五，餘皆坐法隕命亡國，耗矣。罔亦少密焉，然皆身無兢兢於當世之禁云。

這是透過對當代的政刑及功臣本身，藉由表的統計分析，而得的結論，而〈漢興以來諸侯王年〉所云：「形勢雖強，要之以仁義為本」及〈秦楚之際月表〉所云：「五年，號令三嬗，自生民以來，未始有受命若斯之亟也……蓋一統若斯之難也」等，也都是歸納的結論。

總之，十表各個系統，皆有其意義在。在各表自成的「擬構」中，可以宏觀的方法，去掌握部分的歷史脈絡與社會現象。

以上分論《史記》五體所呈現的方法意識，實在還不能窮盡司馬遷的意思，因為史公曾於全書大抵完成之時，在〈報任安書〉中，提出了欲透過《史記》來「究天人之際」及「通古今之變」的兩大命題。這是運用五體的交互補貼，並集合個體、整體的全體巨視。於此歷史的全體形貌才得以呈現，這是他的一家之法，更是其所謂「成一家之言」的精義所在之一。

第三節　從《史記》的價值判斷看司馬遷的客觀意識

所謂價值判斷（value judgement），也就是歷史知識的客觀性（objectivity）

的問題。在我們的想法裏，總是希望史家研究歷史，甚或著史，都應該保持公正不阿，不偏不倚的態度。然而事實上是否如此，或者是所謂的客觀能達到什麼樣的程度？這些問題總是圍繞著我們。尤其是對於中國通史之祖的《史記》一書，更是吾人關切的對象，但司馬遷的客觀性常受到誤解，王叔岷先生即說：〔註19〕

> 班固所論史遷三事（案指論大道、序游俠及述貨殖三事），前賢及近人非議者多，贊同者極少，大都以為班論之所以譏遷者，乃不知遷有所激憤而發。夫有所憤激，則是非難免失平，此反所以助固之譏遷矣。

不過王氏本人倒是未誤解太史公，他說：

> 然其憤激，非一己之私意，乃千古失意聖賢之心聲也。尤有進者，史遷之先黃老、序游俠，述貨殖，乃其特識，不雷同俗儒之見，不當專以憤激所發視之也。

歷史之所以可能客觀的一大依據是「史料」，這是無法否認的事實。在下章中，我們即將探討史公對史料的考證與批判，在此，為了更進一步檢視史公的客觀意識，有必要更全面、更深入的探討這問題。

一、從《史記》論贊看司馬遷的客觀意識

《史記》中的「太史公曰」，凡涉及褒貶感嘆者，自屬價值判斷。而太史公之所以為這個價值判斷特別標舉，並與各篇正文分開，表示此為他個人的一家之見。於此讀史者，可以明確的知曉，何者為述語（statement），何者為判斷（judgement）。這樣作，除了給讀者一個示範的價值判斷外，還提供了更大的思考空間給讀者，畢竟太史公的價值判斷，對讀者而言，有著引發的作用。而讀者也可以針對其判斷再判斷。然而一些史家卻常在不知不覺中，把自己的好惡，加諸歷史人物的身上，混入歷史的述語當中，這是相當危險的。因此對於太史公的這種作法，個人認為是他負責的表現，並且是難能可貴的。

前述太史公曰與正文分開的做法，是司馬遷在歷史客觀意識上，第一層次的表現。至於第二層次的表現，則在價值判斷本身的客觀與否。而這一點

〔註19〕王叔岷先生，〈班固論司馬遷是非頗繆於人辯〉，收於黃沛榮先生所編之《史記論文選集》（台北：長安出版社，民國78年9月），頁66。

可以從其論贊中見之。史公在〈項羽本紀〉贊稱美項羽說：

　　乘勢起隴畝之中，三年，遂將五諸侯滅秦，分裂天下，而封王侯，

　　政由羽出，號爲霸王，位雖不終，近古以來，未嘗有也。

但史公對項羽亦有批評，其言曰：

　　自矜功伐，奮其私智而不師古，謂霸王之業，欲以力征經營天下，

　　五年卒亡其國。身死東城，尚不覺寤而不自責，過矣。乃引「天亡

　　我，非用兵之罪也」，豈不謬哉！

在〈絳侯周勃世家〉，他批評周勃爲布衣時，乃「鄙樸人也，才能不能過凡庸」。
後又讚美他：「從高祖定天下，在將相位，諸呂作亂，勃匡國家難，復之乎正，
雖伊尹、周公，何以加哉！」

　　對於周勃之子則稱美說：「亞夫之用兵，持威重，執堅刃，穰苴何有加焉！」
但也數落他「足己而不學，守節不遜，終以窮困」。在〈平原君虞卿列傳〉，
他褒平原君爲「翩翩濁世之佳公子」，但亦貶其「未睹大體」。在〈萬石張叔
列傳〉，他批評「塞侯微巧，而周文處讇，君子譏之，爲其近於佞也」。但也
稱美二人「可謂篤行君子」。至於積德行善，足爲後世法的，太史公更是不吝
稱美。在〈吳太伯世家〉他稱引孔子之言以美太伯說：「太伯可謂至德矣。三
以天下讓，民無得而稱焉。」又讚美「延陵季子之仁心，慕義無窮，見微而
知清濁。」並許他爲「博物君子」。他推崇孔子爲至聖，稱美季布爲壯士，並
稱許欒布「雖往古烈士，何以加哉！」至於在論贊中被嚴厲批評的張儀及鼂
錯二人，太史公在〈自序〉的小序中也予以部分的肯定。他說明爲張儀立傳
的原因是「六國既從親，張儀能明其說，復解散諸侯。」而爲鼂錯立傳的原
因則是「不顧其身爲國家樹長畫。」以上這些例子說明了，經過太史公選擇
進入歷史之中的主要人物，雖必然是立功名於天下的，但卻未必個個都是完
美無缺的，其對待歷史人物是褒其可褒，而貶其當貶的。故大體而言，班固
批評史公之著《史記》「不虛美，不隱惡，故謂之實錄」一語，可算中肯。但
也不容否認，司馬遷於大體的客觀之中，有時亦作不正經語（婉轉的說是隱
微之語）而稍見瑕疵。例如他在〈秦楚之際月表〉的序中，先是說：「自生民
以來，未始有受命若斯之亟也」，再則說：「蓋一統若斯之難也」，最後竟然說：
「此乃傳所謂大聖乎，豈外天哉，豈非天哉！非大聖，孰能當此受命而帝者
乎？」固然此處有漢高祖僥倖得天下之意，但歸之於天也就是了，何乃稱劉
邦大聖？終見司馬遷於此有激偏處。此外另有一處所在，則顯見史公之成見，

那就是〈匈奴列傳〉該傳的贊文中指出討伐匈奴「建功不深」的原因。而傳文中也批評匈奴民族是「苟利所在，不知禮儀」。這些都是帶有成見的評斷。而這種成見，乃是民族情感所造成的。因爲在史公看來匈奴總是「侵盜暴虐中國」而「常爲中國患害」〔註20〕的，他終未能將之視爲兩民族間的生存爭奪，且又以中國的禮儀風俗標準去衡量異族的生活形態。不過就整體而言——尤其是第一層次的價值判斷，我們仍可以說，太史公著史，是有強烈的客觀意識的。

二、從李陵案看司馬遷的客觀意識

司馬遷受李陵案的打擊是無以復加的。他認爲所有的受辱之中，腐刑是受辱的極致；是「汙辱先人」、「無面目復上父母之丘墓」的；是「雖累百世垢彌甚」的。〔註21〕由於身心的劇烈愴痛，造成他在報任安書之時的狀況，已經是「腸一日而九回，居則忽忽若有所亡，出則不知所如往，每念斯恥，汗未嘗不發背霑衣也」。但他仍然堅持著一貫的信念：

> 以爲李陵素與士大夫絕甘分少，能得人之死力，雖古名將不過也。
> 身雖陷敗，彼觀其意，且欲得其當而報漢。事已無可奈何，其所摧
> 敗，功亦足暴於天下。(〈報任少卿書〉)

然而在〈李將軍列傳〉中，司馬遷對李廣之孫——李陵的一段敘述，卻是這樣的：

> 天漢二年秋，貳師將軍李廣利將三萬騎擊匈奴右賢王於祈連天山，
> 而使陵將其射士步兵五千人出居延北可千餘里，欲以分匈奴兵，毋
> 令專走貳師也。陵既至期還，而單于以兵八萬圍擊陵軍。陵軍五千
> 人，兵矢既盡，士卒死者過半，而所殺傷匈奴亦萬餘人。且引且戰，
> 連鬥八日，還未到居延百餘里，匈奴遮狹絕道，陵食乏而救兵不到，
> 虜急擊招降陵。陵曰：「無面目報陛下。」遂降匈奴，其兵盡沒，餘
> 亡散得歸漢者四百餘人，單于既得陵，素聞其家聲，及戰又壯，乃
> 以其女妻陵而貴之。漢聞，族陵母妻子。自是之後，李氏名敗，而
> 隴西之士居門下者皆用爲恥焉。

他依據史實記述，沒有任何的辯解言辭，只說李陵投降匈奴，其後李氏名敗，

〔註20〕 《史記》，〈匈奴列傳〉；〈太史公自序〉。
〔註21〕 《漢書·司馬遷傳》，〈報任少卿書〉。

而隴西的士人居門下的皆以此爲可恥之事。按理，史公爲李陵辯，即是爲自身辯，於敘述中兼言李陵之意（欲得其當而報漢），絕非難事。但史公不此之圖。甚至在獨立的論贊中，亦不及此，而把一切交給了歷史，於此我們看到了司馬遷最忠實的一面。

　　當然此中還有一個重要的問題必須澄清，那就是〈李將軍列傳〉中，〈李陵傳〉的部分，究爲史公所作，抑是後人附益的問題。不過據周虎林先生整理近人所訂「《史記》中疑爲後人補苴者三十餘條」之中，〔註22〕並未見關於〈李陵傳〉者，故〈陵傳〉應可視爲史公之作。而依王國維先生所考：

> 《史記》紀事，公自謂「訖於太初」。班固則云「訖於天漢」。案史公作記，創始於太初中，故原稿紀事以元封、太初爲斷，此事於諸表中蹤跡最明……今觀《史記》中最晚之記事，得信爲出自公手者，唯〈匈奴列傳〉之李廣利降匈奴事（原註：征和三年，國平案：西元前 90 年）；餘皆出後人續補也。

即〈李將軍傳〉之李陵附傳亦可信爲史公之作。且李陵於天漢二年（西元前 99 年）投降匈奴之事，在〈匈奴列傳〉一樣的也有記載，而史公也一樣的沒有片言隻字之辯解。於此我們可以看到，在史公最應激憤處，他依然採取了客觀理性的敘事態度，這應是他對歷史講求客觀的意識之又一明證。

三、從《史記》的終極目的看司馬遷的客觀意識

　　司馬遷在〈報任安書〉中，曾明白的表示，他要藉《史記》一書來究天人之際，通古今之變，成一家之言的，而這三個目的在著史的客觀意識上，有著重要的意義。

　　首先就究天人之際而言，要能眞正的達成這個目的，有個先決條件，即對於所有《史記》中的述語，不能有歪曲的記述，否則天人的關係與分際就變得難以究竟，而且即使能夠究竟，所獲得的結論亦必有所偏差。舉例而言，於〈李將軍列傳〉，如果太史公果眞因李陵案的激憤，則於李廣的未受重用，到老難封，最後乃至自殺身亡，必可輕易的把這一切責任都歸到漢武帝的身上，但他卻藉「殺已降」一事，說明李廣不當封侯的原因，又從「數奇」說明李廣始終未受重任以獨當匈奴之緣由，他甚至連李廣以一尉之小怨而公

〔註22〕周虎林，《司馬遷及其史學》（台北：文史哲出版社，民國 76 年 7 月），頁 168。

報私仇之事，也寫了上去（雖然他對李廣的評價依然很高），可見他記述之客觀。在〈秦楚之際月表〉的序中，他認爲虞夏之興，是因爲積善累功數十年，德洽百姓。而湯武之王「乃由契、后稷脩仁行義十餘世」。而秦起襄公，其後「稍以蠶食六國，百有餘載，至始皇乃能并冠帶之倫」，或以德，或以力，總之統一天下是困難的。但劉邦之先未見盛德或用力，故史公說他得天下「豈非天哉！」而這也是事實，並非史公對漢王朝開國之祖有何偏見存在。也惟其客觀無偏如此，〈李將軍列傳〉所顯示的天人關係才可以作爲歷史的抽樣，而爲了能究明歷史中眞正的天人關係，太史公自也不得不作客觀的記述。

其次就通古今之變而言，也是同樣的道理，例如〈秦楚之際月表〉說：

初作難發於陳涉，虐戾滅秦自項氏，撥亂誅暴，平定海內，卒踐帝
祚成於漢家。

唯其如此地認定三人各有其功，不以成敗論英雄，才能正確的歸結出「五年之間，號令三嬗，自生民以來，未始有受命若斯之亟也」的結論。又如〈高祖功臣侯者年表〉序中說：

《尚書》有唐虞之侯伯，歷三代千有餘載，自全以蕃衛天子，豈非
篤於仁義，奉上法哉？漢興，功臣受封者百有餘人……後數世……
子孫驕溢，忘其先，淫嬖。至太初百年之間，見侯五，餘皆隕命亡
國，耗矣，罔亦少密焉，然皆身無兢兢於當世之禁云。

史公雖認爲漢王朝的法苛網密。但他也認爲功臣子孫自己不肖，不把法律當一回事，以至失去性命及封國，從這一段序文中，我們可以略窺古今功臣侯國受封者之變遷原因，而如果太史公不客觀，則對歷史之變化必也難以通曉，即使通曉也通得不對。而太史公既欲正確的徹通古今之變，則對史事的記述必需抱著客觀的態度是無庸置疑的。

最後就成一家之言來看，〈太史公自序〉說：

（《史記》）凡百三十篇……序略，以拾遺補藝，成一家之言，厥協
六經異傳，整齊百家雜語，藏之名山，副在京師，俟後世聖人君
子。

如果其記述沒有客觀的意識，又怎能協六經之異傳，齊百家之雜語，有的只是增一家的雜語罷了。而他的書要「藏諸名山，俟後世聖人君子」，更說明其書敢於接受後人的檢正、考驗。從這種心態出發，我們認爲他已具備了客觀

的意識與態度。而事實上，我們也可從《史記》中找到例證。例如，在〈六國年表〉中，他雖認為「秦之德義，不如魯衛之暴虐者。」而批評「秦取天下多暴」，但也指出「世異變，成功大」的事實。他並批評俗儒的觀念說：

> 學者牽於所聞，見秦在帝位日淺，不察其終始，因舉而笑之，不敢道，此與以耳食無異。

所謂牽於所聞，就是拘陷於所聽到的舊說中，跳不出來，這樣如何能夠看清事實，如何能夠客觀。而且人往往「較易看出愚者的缺失，卻很難體察智者的高明之處」。〔註23〕如果不是史公的肯定，秦王朝如何有應得的地位。由此看來，史公的一家之言，不但客觀，而且要求深度。沒有深度的客觀，只是淺見。淺見常常看起來亦見客觀，而深究之則未必盡然，故受到史公之批評。

　　以上所論，大體可見史公治史，確有客觀的意識存在。而這種客觀當然是相對的，而非絕對的，絕對的客觀，連選擇史實進入歷史，也在排除之外，那是一種不能言詮的規範，那麼歷史（著述）也就不存在了。而就相對的客觀言之，史公必認為那是可以達到的，否則他就不必寫歷史了。當然每個人都會說自己的態度是客觀的，也認為其中有自己的獨到見解。不過基本上，這是不矛盾的，因為對史事的獨立見解不同於對史事的敘述（前者可交給讀者去評判）。我們所要確知的一點是，如果史家敘某人某事，竟對之「刻意」的隱瞞而沒有交待，那就已經是不客觀了。我的意思是說，如果史公不載李廣斬霸陵尉及殺已降之事；或劉邦推魯元、孝惠於車下之事，或魏公子畏秦，猶豫未肯見魏齊事，則三人在歷史的評價又當如何？至於〈管晏列傳〉所云「至其書，世多有之，是以不論，論其軼事」，則已對其未提及的部分，作了交代，這是不可同日而語的。

〔註23〕愛德華波諾（Edward de Bono）著，謝君自譯《水平思考法》（The Use of Lateal Thinking）（台北：桂冠圖書公司，1992 年 4 月），頁 18。

第四章　司馬遷的歷史選擇

　　人類無數的事件，發生在過往的時空中，長久以來大部分的事件，在不知不覺中，失落於人類的記憶之外，封存於恆古的幽渺中，再也無法成為「歷史事實」。小部分的，或藉著紀錄，或藉著實物，保存了下來。但這其中，又有水旱天災及人為破壞等等的摧殘，不時的加諸這些史料（包括文獻）之上。但是儘管如此，這些保留下來的東西，仍是多得讓人驚訝。在這些史料或事件之中，有一些極為幸運的成了「歷史事實」，因為史家「選擇」了它們進入歷史之中。

　　史料一如垃圾堆，史家有如拾荒者。眼尖的史家，「披沙揀金，往往見寶」。眼拙的史家，「買櫝還珠，往往遺珍」。不過幸好大部分史家的眼光，並非皆有天壤之別，而可以稱得上是史家的，也都有一定的學術水準，以故總是有些選擇會是相同的。否則，由於歷史的歧點，史書所載歷史事實將毫無交集可言。這其中的原因，除了前述的學術水準之外，另外的原因應該是同一時期史料的有限（尤其是年湮代遠的上古之世，更可能造成史家不得不採擇的原因）及人性有著某些共通的地方。除了這些因素，造成類似的歷史選擇之外，剩餘差異的真正原因，決定於史家理念的不同。無疑的，司馬遷的歷史選擇有一般性的標準，亦有其獨特的理念，不過在敘述他的歷史選擇之前，我們應先檢討他創作《史記》所依據之史料的來源及真實的構成。

第一節　史料的來源

　　司馬遷創作《史記》，其資料的來源有四：一是畢集於太史公的遺文古事。二是漢王朝保存的檔案資料。三是司馬遷網羅的天下放失舊聞。四是司馬遷

親自接聞的當代人事。茲分述如下：

一、畢集於太史公的遺文古事

〈太史公自序〉說：

> 漢興，蕭何次律令，韓信申軍法，張蒼爲章程，叔孫通定禮儀，則
> 文學彬彬稍進，詩書往往間出矣。自曹參薦蓋公言黃老，而賈生、
> 晁錯明申商，公孫弘以儒顯，百年之間，天下遺文古事靡不畢集太
> 史公。

這段話說明了當時所有先秦文獻及當代典籍集中於太史的事實。而這期間司馬談已著手整理典籍舊聞，以爲著史之準備。等到司馬遷做太史令之時，即開始整理父親所編次的舊聞及史記石室金匱的書籍。這些書籍到底有多少不得而知。但由司馬談一句「六藝經傳以千萬數（論六家要旨）」，可知整個藏書絕不在少數。此外，或可從《漢書・藝文志》所載得知大略。因爲〈漢志〉的內容是根據成帝時劉向的《七略》來，而其時代上距漢武帝之世不過五十年左右。因此除太史公之後的數十年間略爲增加的典籍之外，大抵仍史公時代政府藏書之舊。當然詳細的情形，是無法探索的。

不過擁有典籍的多少是一回事，太史公取材了多少又是一回事。《漢書・司馬遷傳》所云：

> 司馬遷據《左氏》、《國語》、采《世本》、《戰國策》，述《楚漢春秋》，
> 接其後事，迄於天漢，其言秦漢詳矣。

只是指出司馬遷著《史記》的最主要參考資料是這些書而已。不過有趣的是，太史公著《史記》，常於書中提及文獻資料，而使我們得以知曉太史公所曾看見、參考的文獻資料的最低數目。這方面日人瀧川龜太郎及國人盧南喬、劉偉民、游利信等，皆曾將《史記》所有稱引的資料，加以整理統計。而依統計說明最詳的盧南喬所列的表（如本章附錄）看來，太史公僅於〈貨殖列傳〉等二十七篇之中，稱引書目即達八十一種之多。其中尚不包括〈五帝本紀〉所稱引的《百家》、〈留侯世家〉所稱引的張良圖像及〈伯夷列傳〉所稱引的軼詩等文獻資料。可見其所參涉的典籍文獻絕不止此。然而光就表列，就已經可以看出太史公之博采遺文古事了。

二、漢王朝保存的檔案資料

孔子之前，尚未見私人的著作，國家大事的紀錄，是由史官來負責的。《左

傳》載，魯宣公二年，趙穿殺靈公於桃園。太史記錄說：「趙盾弒其君」。又載襄公二十五年，齊國崔抒弒君之事說：

> 太史書曰：「崔杼弒其君。」崔子殺之。其弟嗣書，而死者二人。其
> 弟又書，乃舍之。南史氏聞太史盡死，執簡以往。聞既書矣，乃
> 還。

這些都是史官錄事的顯例。但這些史官的記載極為簡單，並且採用條列的方式。這或許是因為古代史官執簡作書，實不便長篇大論的緣故。但正由於這樣的記載方式，並保存於官府，才突顯了檔案的特色。

依據〈太史公自序〉的說法，司馬遷的先世是「世典周史」的。而〈報任少卿書〉亦稱其先人「非有剖符丹書之功，文史星曆，近乎卜祝之間」。可見史官亦掌天文、星象、曆法、卜祝等。因此天文，曆象以及卜祝之文辭等，亦必為政府的檔案之一。而司馬遷之能訂《太初曆》，作〈曆書〉、〈天官書〉等，亦必採政府檔案而為用。

〈秦始皇本紀〉中多處敘述秦始皇刻石記功之事，這些刻石未必為司馬遷所親見，但秦政府的檔案中必有記載刻石的內容，故太史公能次其年月並詳敘其文。

漢自蕭何「收秦丞相御史律令圖書」之後，就「俱知天下阨塞，戶口多少，彊弱之處，民所以疾苦」了。但由這些「圖書」的內容看來，名雖圖書，實為檔案。而太史公對戰爭地理，山川物產，人物風俗有透徹的了解者，亦必與這一類的政府檔案有關。至司馬遷載曹參之功：

> 凡下二國、縣一百二十；得王二人，相三人，將軍六人，大莫敖、
> 郡守、司馬、候、御史各一人。(〈曹相國世家〉)

及樊噲的戰功：

> 從，斬首百七十六級，虜二百八十八人。別，破軍七，下城五，定
> 郡六，縣五十二，得丞相一人，將軍十二人，二千石已下至三百石
> 十一人。(〈樊酈滕灌列傳〉)

之所以能有如此精確之數字者，亦必本於檔案之用。而群臣爭軍功時，功臣皆曰：「平陽侯曹參，身被七十創，攻城略地，功最多，宜第一。(〈蕭相國世家〉)」也絕不是憑記憶而說的，唯一的依據就是記功之類的檔案。

至於太史公採於當代的檔案，就更明顯了。〈高祖功臣侯者年表〉說：

> 余讀高祖功臣，察其首封。

〈惠景間侯者年表〉說：

> 太史公讀列封至便侯，曰：有以也夫！

〈儒林列傳〉說：

> 余讀功令至於廣厲學官之路，未嘗不廢書而嘆也。

列侯封爵的紀錄，與獎勵學官的制度，無疑都保存在政府的檔案中。而《史記》十表之中，自〈秦楚之際月表〉以下諸表之內容，大體皆是從檔案整理而來。至於〈三王世家〉所採錄的策令更是太史公取之於王朝檔案的最佳證明。

　　由上可以略見太史公對國家檔案採用之大概，而在《史記》中，採之於檔案的份量，個人研判，應僅次於典籍文獻才是。蓋秦楚之際以前的歷史，太史公有《左氏》、《國語》、《世本》、《戰國策》、《秦紀》等為寫史的主要依據，而漢興以來，卻並未見有其他史書做為這一段「歷史」的骨幹，故編年之檔案，就成為串連史事的主要依據了。

三、網羅的天下放失舊聞

　　太史公有所謂「網羅天下放失舊聞」之語。意思是說：有許多不是發生在司馬遷時代的事件，除見於典籍、檔案之記載者外，又往往有某種說法存在，於是司馬遷就加以探訪與蒐集。而這個探訪蒐集除了所見所聞之外，也包括「所傳聞」的史料在內。

（一）所傳聞之例

　　大凡事隔數十百千年，非能親聞於參與或目睹事件經過之遺老或其子孫者，是為所傳聞之例，如〈五帝本紀〉所載：

> 長老皆各往往稱黃帝、堯、舜之處，風教固殊焉。

〈項羽本紀〉載：

> 吾聞之周生曰：「舜目蓋重瞳子，又聞項羽亦重瞳子」。

〈魏世家〉載：

> 吾適大梁之墟，墟中人曰：「秦之破梁，引河溝而灌大梁，三月城壞」。

〈孟嘗君列傳〉載：

> 吾嘗過薛，其俗閭里率多暴桀子弟，與鄒魯殊。問其故，曰：「孟嘗君致天下任俠，姦人入薛中蓋六萬餘家矣」。

（二）所聞之例

例如〈趙世家〉載：

> 吾聞馮王孫曰：「趙王遷，其母倡也」。

〈刺客列傳〉：

> 始公孫季功、董生與夏無且游，具知其事，爲余道之如是。

〈淮陰侯列傳〉：

> 吾如淮陰，淮陰人爲余言，韓信雖布衣時，其志與眾異。

（三）所見之例

此特指史公所見之遺址史蹟而言，例如〈孔子世家〉：

> 適魯，觀仲尼廟堂，車服禮器。

〈伯夷列傳〉：

> 余登箕山，其上蓋有許由冢云。

〈屈原賈生列傳〉：

> 余……適長沙，觀屈原所自沈淵，未嘗不垂涕，想見其爲人。

〈蒙恬列傳〉：

> 吾適北邊，自直道歸，行觀蒙恬所爲秦築長城亭障，塹山堙谷，通
> 直道，固輕百姓力矣。

以上不論是「所傳聞」之事例也好，「所聞」之事例也好，距太史公之世，皆已有一段時間，故是所謂的「舊聞」。至於太史公所親見者亦皆歷史之陳跡，是均爲太史公所蒐羅的對象。

四、親自接聞的當代人事

所謂接聞的當代人事，自是史料來源之一例，其中甚至有太史公親自參與者，這一類型的來源亦可分三類言之。

（一）耳聞者

例如〈酈生陸賈列傳〉：

> 至平原君與余善——是以得具論之。

〈樊酈滕灌列傳〉：

> 余與他廣通，爲言高祖功臣興時若此云。

〈衛將軍驃騎列傳〉：

> 蘇建語余曰：「吾嘗責大將軍至尊重，而天下之賢大夫毋稱焉，願將

軍觀上古名將所招選擇賢者，勉之哉」。

（二）目睹者

例如〈齊世家〉：

太史公曰：吾適齊，自泰山屬之琅邪，北被于海，膏壤二千里，其民闊達多匿知，其天性也。……洋洋哉，固大國之風也！

〈孔子世家〉：

適魯，觀仲尼廟堂，車服禮器，「諸生以時習禮其家」。

〈韓長孺列傳〉：

太史公曰：余與壺遂定律曆，觀長孺之義，壺遂之深中隱厚。世之言梁多長者，不虛哉！

〈李將軍列傳〉：

余睹李將軍悛悛如鄙人，口不能道辭。及死之日，天下知與不知，皆為盡哀。

〈游俠列傳〉：

吾視郭解，狀貌不及中人，言語不足採者。

（三）親自參與者

例如〈封禪書〉：

余從巡祭天地諸神山川而封禪焉。入壽宮侍祠神語、究觀方士祠官之意，於是退而論次自古以來用事於鬼神者，具見其表裏。

〈河渠書〉：

余南登盧山，觀禹疏九江，遂至于會稽太湟，上姑蘇，望五湖；東闚洛汭、大邳，迎河，行淮、泗、濟、漯洛渠；西瞻蜀之岷山及離碓；北自龍門至於朔方。曰：甚哉，水之為利害也！「余從負薪塞宣房」，悲瓠子之詩而作〈河渠書〉。

以上所舉例子不論是太史公所網羅的天下放失舊聞也好，或是太史公所親自接聞之當世人事也好，必是太史公所見所聞的一小部分而已。看他的東南及中原之壯遊、空峒的扈駕及奉使的蜀滇，足跡幾遍全國。但在《史記》篇中所提及的甚少，那是因為他已把所蒐集的舊聞、史料融入了歷史中的緣故。例如他寫〈西南夷列傳〉，多是自己的見聞，而少依典籍的紀錄，但他卻未提及此事，從這一點我們也可以明白，太史公取之於自己所見所聞及所傳聞的史料，在《史記》中，也必有一定的份量在。

第二節　真實的構成
——司馬遷對史料的考證與批判

馬遷考證史料有其獨到的眼光與方法，在建立標準方面，他提出了「考信於六藝」及「折衷於夫子」兩大原則，作為對史料考證與批判的依據。此兩原則見於〈伯夷列傳〉。太史公登上了箕山，看見了許由的墳墓，想立他為列傳之首，卻不採信許由有過讓國的事實。他舉出二點理由，作為說明。第一個理由是：

> 學者載籍極博，猶考信於六藝，《詩》、《書》雖缺，然虞夏之文可知也。堯將遜位，讓於虞舜，舜禹之間，岳牧咸薦，乃試之於位，典職數十年，功用既興，然後授政，示天下重器，王者大統，傳天下若斯之難也。而說者曰堯讓天下於許由，許由不受，恥之逃隱，及夏之時，有卞隨、務光者。此何以稱焉？

第二，他認為：

> 孔子序列古之仁聖賢人，如吳太伯、伯夷之倫詳矣。余以所聞由、光義至高，其文辭不少概見，何哉？

以上兩點理由，前者即是考信於六藝之例，後者即是折衷於夫子之例。而這兩個理由皆十分之有理。而作為列傳首篇之〈伯夷列傳〉於全書而言，應有著開宗明義的意義。不過，前章〈歷史的開端〉一節，已指出，太史公著〈五帝本紀〉雖考信於六藝，但不墨守於六藝，有時亦印證於實地的調查。同樣地，他雖主張「折衷於夫子」，但他並不一味的盲從夫子。對於他一向仰慕且推為至聖的夫子，有時亦對其言論表示懷疑。他說：

> 孔子曰：「伯夷、叔齊，不念舊惡，怨是用希。」「求仁得仁，又怨乎？」余悲伯夷之意，睹軼詩可異焉。……武王已平殷亂，天下宗周，而伯夷、叔齊恥之，義不食周粟，隱於首陽山，采薇而食之。及餓且死，作歌。其辭曰：「登彼西山兮，采其薇矣。以暴易暴兮，不知其非矣。神農、虞、夏忽焉沒兮，我安適歸矣？于嗟徂兮，命之衰矣！」遂餓死於首陽山。由此觀之，怨邪非邪？

他對老子的話也同樣有懷疑的時候，他說：

> 或曰：「天道無親，常與善人」。若伯夷、叔齊，可謂善人者非邪？積仁絜行如此而餓死！……天之報施善人，其何如哉？……余甚惑焉，儻所謂天道，是邪非邪？（案「天道無親，常與善人」為《老

　　子‧第七十九章》之言）

可見太史公是富有懷疑與批判精神的，他認為六藝的記載亦有缺漏的地方，
聖人的話也不必然放諸四海而皆準。

　　除了這兩大原則之外，也對史料的考證與批判亦表現於其他地方，例如：
他不言怪異。對於不可信的事，或拒採入史，或嚴詞批判，他在〈刺客列傳〉
說：

　　　　世言荊軻，其稱太子丹之命，「天雨粟，馬生角」也，太過。

他仔細考證，巨細靡遺。大至都城，小如一座小小城門，他都認真的加以考
證。〈周本紀〉說：

　　　　學者皆稱周伐紂，居洛邑，綜其實不然。

〈魏公子列傳〉說：

　　　　吾適大梁之墟，求問其所謂夷門。夷門者，城之東門也。

他訪問遺老，以證聞見。〈孟嘗君列傳〉說：

　　　　吾嘗過薛，其俗閭里率多暴桀子弟，與鄒、魯殊。問其故，曰：「孟
　　　　嘗君招致天下任俠，姦人入薛中蓋六萬餘家矣。」世之傳孟嘗君好
　　　　客自喜，名不虛矣。

〈樊酈滕灌列傳〉說：

　　　　吾適豐沛，問其遺老，觀故蕭、曹、樊噲、滕公之家，及其素，異
　　　　哉所聞！

他獨立判斷，不從成說。〈魏世家〉說：

　　　　說者皆曰魏以不用信陵君故，國削弱至於亡，余以為不然。

〈李斯列傳〉說：

　　　　人皆以斯極忠而被五刑死，察其本，乃與俗議之異。不然斯之功且
　　　　與周、召列矣。

他實地考察，聞見相參。〈淮陰侯列傳〉說：

　　　　吾如淮陰，淮陰人為余言，韓信雖為布衣時，其志與眾異。其母
　　　　死，貧無以葬，然乃行營高敞地，令其旁可置萬家。余視其母冢，
　　　　良然。

他還批判流俗之見：

　　　　學者牽於所聞，見秦在帝位日淺，不察其終始，因舉而笑之，不敢
　　　　道，此與以耳食無異。悲夫！

這證明他所說：「網羅天下放失舊聞……原始察終，見盛觀衰，論考之行事」的不虛。而他既然要「拾遺補藝，成一家之言，厥協六經異傳，整齊百家雜語」，對於史料的考證，自不會掉以輕心了。

至於太史公「考信於六藝」、「折衷於夫子」兩點，雖有訴諸權威之嫌，但六藝畢竟是流傳已久的經典，孔子又是學者宗之的人物，而且六藝及夫子之言也確實近於事實。〈五帝本紀〉即說：

> 至長老皆各往往稱堯舜之處，風教固殊焉，總之不離古文者近是。

〈仲尼弟子列傳〉亦言：

> 學者多稱七十子之徒，譽者或過其實，毀者或損其真，鈞之未覩厥
> 容貌，則論言弟子籍，出孔氏古文近是。

何況，他也不全據六藝及夫子之言，在〈五帝本紀〉中，他雖依六藝立說，但最終卻以實地的考察來檢正六藝之不一，而〈伯夷列傳〉中，又以孔子之言及六藝來檢正一些實地的發現。凡此種種，皆可看出，他的訴諸權威，並非是絕對性的。而是唯理是憑，唯雅是依的。否則，薦紳先生皆難言，又怎能「藏之名山」而「俟後世聖人君子」？

不過太史公也並非能對所有的史料都加以確定的考證。對於一些年代縣邈，始終成謎的史事，他也只好「多聞闕疑，慎言其餘」了。〈三代世表〉說：

> 孔子因史文次《春秋》，紀元年，正時日月，蓋其詳哉。至於序尚書
> 則略，無年月；或頗有，然多闕，不可錄。故疑則傳疑，蓋其慎
> 也。

這是司馬遷對孔子「疑則傳疑」的稱美，認為這是他謹慎的表現。因此自己著史時，也抱持這種態度，甚至有必要時，乾脆不採。〈高祖功臣侯者年表〉云：

> 於是謹其終始，表其文，頗有所不盡去來，著其明，疑者闕之。後
> 有君子，欲推而列之，得以覽焉。

即是司馬遷對自己態度的明確表示。

總之，太史公在採擇史料編入史著之前，必經其嚴謹的考證。因之除去「疑則傳疑」之筆外，大體上稱為「信史」、「實錄」，應不是誇張的說法。而今人陳直之《史記考證》一書，以地下史料以考史公之書亦云：

> 太史公作〈殷本紀〉，合於殷虛甲骨文者，有百分之七十。推之〈夏

本紀〉，雖無實物可證，亦必然有其正確性。如〈楚世家〉之楚侯逆，
楚王頵，皆與傳世銅器銘文相符合，尤見其記載之正確性。……更
如〈漢興將相大事年表〉（應為〈漢興以來將相名臣年表〉），所立大
市、立谷口邑，立陽陵邑等，皆不見於《漢書》，反與出土古物，若
合符節。〔註1〕

益見《史記》的可信程度。

第三節　司馬遷的歷史選擇

　　當一大堆經過考證的歷史文獻或其他史料擺在歷史學家的眼前之時，如
果不加以選擇，以寫成歷史，終究未能言成功。倘使全部加以收錄保存，又
不過是資料的彙編，終究不可以言「歷史」。是故「歷史」有賴於選擇。而選
擇的標準何在，即成為重要的問題，但有關這個問題的系統研究尚不多見，
僅杜維運先生做過整理。〔註2〕然而因各個史家歷史環境背景與理念的不同，
故選擇的標準自見差異。司馬遷當然也有其選擇標準，但他亦未明顯的自言
其全部的標準或原則，而有待吾人之分析與歸納。以下即基於前人所建立的
一般性歷史選擇之標準及個人的一些心得，為太史公的歷史選擇做一標舉，
以呈現其歷史哲學之一端。

一、價值的取向

　　通常歷史選擇的第一個標準，就是價值取向，也就是指該歷史事件或人
物在歷史發展過程中的重要性與影響而言，太史公就曾明白的提出這個標
準，他在〈留侯世家〉說：

　　　留侯從上擊代，出奇計馬邑下，及立蕭何相國，所與上從容言天下
　　　事甚眾，非天下所以存亡，故不著。

這是從事上說，如果從人上說，則史公之論見於〈太史公自序〉：

　　　扶義俶儻，不令己失時，立功名於天下，作七十列傳。

從事上說，是因事而擇人，例如太史公雖譏評張儀、蘇秦二人為「傾危之

〔註1〕見陳直，《史記新證》，〈自序〉（台北：學海出版社，民國69年9月）。
〔註2〕杜維運先生將選擇的標準分為「美善的」、「鑑戒的」、「文化價值的」、「新異
　　　的」及「現狀淵源的」等五種。見所著《史學方法論》，〈歷史與史學家〉（台
　　　北：三民書局，民國80年4月），頁25。

士」，但其人之言辭，尤其是權變之辭，多被採用，原因即在於六國之合縱、連橫，常常牽連者天下大勢的緣故。從人上說，是因人而擇事，如〈魏公子列傳〉，其敘公子救趙一事，前面所有有關公子交友行事的敷陳，最後都為救趙而設。救趙後的交友行事，一切又都為回魏作伏筆。蓋救趙與回魏為公子一生之兩件大事，故救趙後，趙王說：「自古賢人未有及於公子者也」，而且這時候「平原君不敢自比於人」。而公子「告車趣駕歸救魏」後，「諸侯聞公子將，各遣將將兵救魏」。可見救趙使得公子之影響力大增，而公子也終率五國之兵破秦軍，走蒙驁，一路追趕秦軍到函谷關，壓制了秦兵，「秦兵不敢出」。所以史公說：「當是時，公子威振天下」。細察公子一傳，他的交遊，無一不與切身出處行止有關，其中少任何一人，似乎都足以影響公子往後的境況，獨有公子畏秦王猶豫未肯見魏齊之事，於公子之一生，可謂插曲而無足輕重，只是表現公子人品行事而已，故被摒除在本傳之外。歷來以為太史公欲塑造一完美的公子形象，而將公子與魏齊之事摒除在本傳之外者，最多只說對了一半。

不過歷史的選擇，又常常是人事互為因果的，只是各有偏重而已，選事必涉及人，選人亦必涉及事。以事考之，則問此事重大否。例如史公對秦趙長平之戰著墨尤多，是因為這一戰，使得秦國東進的阻力大減，造成其後四十年間，秦國終能兼併六國統一天下的主因之一。又如黃河水患及貨幣租稅制度等影響民生至鉅，故史公為〈河渠書〉及〈平準書〉。以人考之，則問其人有立功立名否？例如〈張丞相列傳〉所載申屠嘉死後的六位丞相，太史公幾未予一字之敘述，其原因即太史公所說：

> 自申屠嘉死後……開封侯陶青、桃侯劉舍……柏至侯許昌、平棘侯
> 薛澤、武彊侯莊青翟、高陵侯趙周等為丞相。皆以列侯繼嗣，娖娖
> 廉謹，為丞相備員而已，無所能發明功名有著於當世者。

此外所謂價值，自然也包括文化的價值在內。學術文化價值的標準，取決於歷史現實中所展現之時代思想、風尚、特色、精神（不成文者）與儀制（成文者）等對人生教化的影響程度。於此而有〈禮書〉、〈樂書〉、〈律書〉、〈曆書〉、〈天官書〉、〈封禪書〉及〈孔子世家〉、〈老子韓非列傳〉、〈孟子荀卿列傳〉、〈仲尼弟子列傳〉、〈魯仲連鄒陽列傳〉、〈儒林列傳〉、〈張丞相列傳〉、〈叔孫通列傳〉、〈龜策列傳〉等。而其餘各篇中之辭賦、詔誥奏議等章辭燦然，文采可觀者，亦予擇入，於是而有〈三王世家〉、〈屈原賈生列傳〉、〈司馬相

如列傳〉等內容豐富之篇章。此外在四境民族對中國歷史影響的考慮下，而有〈匈奴列傳〉、〈南越列傳〉、〈東越列傳〉、〈朝鮮列傳〉、〈西南夷列傳〉等。總之《史記》全書，幾乎隨處可見價值取向的影子，故從這個標準擇入《史記》的篇幅最多，亦可見價值取向為史公選擇歷史的主要標準與考慮。

二、美善的標準

這個標準應該也是一般性的，因為中外歷史著作所表見之人物事跡，例多「善多於惡」，司馬遷所取歷史人物，多為「有可取法」者，雖本紀、世家，累世積代，事涉多人，故偶有醜惡之人出現。但整體言之，主要的敘述仍是正面、記善的居多，畢竟，歷史對人生的有價值之一，即在於歷史上充滿了美善的事情。〔註3〕故美與善，成為歷史選擇所不免之標準。

《史記》一書，因人事的美善而被擇入歷史的，所在多有，例如〈太史公自序〉即說：

> 嘉伯之讓，作〈吳世家〉第一……嘉父之謀，作〈齊太公世家〉第二……嘉旦〈金縢〉，作〈周公世家〉第三……嘉〈甘棠〉之詩，作〈燕世家〉第四……嘉仲悔過，作〈管蔡世家〉第五……嘉莊王之義，作〈楚世家〉第十……末世爭利，惟彼奔義，讓國餓死，天下稱之，作〈伯夷列傳〉第一……敦厚慈孝，納於言，敏於行，君子長者，作〈萬石張叔列傳〉第四十三……守節切直，義足以言廉，行足以屬賢，任重權，不可以理撓，作〈田叔列傳〉第四十四……。

他如鮑、晏之友道；王蠋之忠；衛宣公太子伋與晉獻公世子申生之孝；荀息之節；田橫賓客、貫高等之義；安國之忠厚；衛綰之醇謹；汲鄭之直、厚；公孫弘之儉；刺客之勇；游俠之信等亦皆是其例。

史公既以美善為歷史選擇的標準，故對大奸巨惡之徒亦舉其臭名而貶之。例如〈伯夷列傳〉中，作為對比批判的盜跖，史公對其人的貶辭是這樣的：

> 盜跖日殺不辜，肝人之肉，暴戾恣睢，聚黨數千人，橫行天下，竟以壽終，是遵何德哉！此其尤大彰明較著者也。

史公之意，蓋天道如果不爽，則盜跖終該「不得好死」才是。又如〈酷吏列

〔註3〕見同註2。杜維運先生在美善的標準中說：「歷史對人生有價值，在於歷史上充滿了美」。

傳〉中，史公亦有一段批判：

> 至若蜀栽馮當暴挫，廣漢李貞擅磔人，東郡彌僕鋸項，天水駱璧推
> 咸，河東褚廣妄殺，京兆無忌、馮翊殷周蝮鷙，水衡閻奉朴擊賣請，
> 何足數哉！何足數哉！

史公認為酷吏列傳所述十人，「其廉者足以為儀表，其污者足為戒」，而且「方略教導，禁奸止邪，一切亦皆彬彬質有文武焉。雖慘酷，斯稱其位矣！」但馮當等人惡行惡狀，塗炭生靈，無助教化，不稱其位。所以史公指名道姓說這些人「何足數哉？」指其名，卻說其人不值一提，並不矛盾，只是史公「有標的」的批判而已，並且這種做法，正可從反面襯顯出太史公對美善行為的重視。

三、鑒戒的標準

「申以勸戒，樹之風聲」，這是歷史的教化功用。因為一味的歌功頌德，專述美善，歷史將變得乏味，但寫盡世間醜惡的歷史，更不是健康的歷史，在這種情況下，為與美善的標準相配合，鑑戒的標準就被採用了，而連帶的，醜惡的事實也被保留了下來。無疑的，史公也有這個歷史選擇的標準。〈漢興以來諸侯王年表〉即說：

> 臣遷謹記高祖以來，至太初諸侯，譜其下益損之時，令後世得覽，
> 形勢雖彊，要之以仁義為本。

〈項羽本紀〉也以項羽「奮其私智而不師古，謂霸王之業，欲以力征經營天下，五年卒亡其國」為非。〈鄭世家〉贊也說：

> 語有之，「以權利合者，權利盡而交疏」，甫瑕是也。甫瑕雖以劫殺
> 鄭子內屬公，屬公終背而殺之，此與晉之里克何異？

〈淮陰侯列傳〉贊也說：

> 天下已集，乃謀畔逆，夷滅宗族，不亦宜乎？

這些都是《史記》論贊中，史公表見鑑戒之顯例，當然，敘事中亦多可見，如〈殷本紀〉載商紂之淫亂，倒行逆施終以亡國。〈秦始皇本紀〉載秦之暴政，不二世而亡天下。〈齊太公世家〉載桓公一世霸主，以多內寵，未能決絕，終至死後五公子爭立相攻，「以故宮中空，莫敢棺。桓公尸在牀上六十七日，尸蟲出于戶」之事。〈管蔡世家〉載「蔡景侯為太子般娶婦於楚，而景侯通焉。太子弒景侯而自立」之事。〈廉頗藺相如列傳〉所載趙括代將事。〈魏其武安侯列傳〉所載竇嬰、田蚡、灌夫三人間之恩怨，終至沒有一個人有好下場事。

〈吳王濞〉及〈淮南衡山〉二逆傳，以封國措諸列傳等，也都是有鑑戒的意味。

不過有一點需注意，是即像〈李廣傳〉所載李廣殺霸陵尉事；〈范睢蔡澤傳〉載魏公子畏秦，猶豫不敢見魏齊事；〈淮陰侯列傳〉載淮陰侯與陳豨語；〈韓長孺傳〉太史公謂安國「貪嗜於財」等雖亦帶鑒戒之意，但並非這一標準下的選擇，而是基於客觀的呈現歷史人物的全貌考量，不得不為之舉。〔註4〕

四、新異的標準

新異指的是事情的特殊性與新穎性而言。史公於價值、美善、鑑戒三個標準之外，這個新異的標準使得他的《史記》有了更多的可讀性及趣味性。當然他的著作本來就是空前的創舉，一切「安排」皆可謂之新穎。但就史實而言，自有所承襲，而不可全謂新異，蓋全部以新異為選擇標準的歷史，定是「非怪即狂」的。《史記》中不乏一些特異的篇章，記述者新異的史事，如〈呂太后本紀〉、〈外戚世家〉、〈刺客列傳〉、〈扁鵲倉公列〉、〈大宛列傳〉、〈游俠列傳〉、〈佞幸列傳〉、〈滑稽列傳〉、〈日者列傳〉、〈龜策列傳〉、〈貨殖列傳〉、〈太史公自序〉等即是。但這是較籠統的說法（其中自也可能有其他的標準可言），如果切確的說，則應單就事例而言，如〈周本紀〉載武王既破殷，「至紂死所，武王自射之，三發而后下車……以黃鉞斬紂頭……已而至紂之嬖妾二女，二女皆經自殺。武王又射三發……斬以玄鉞……」。史公如此詳細的說明武王殺紂及其妾的過程，目的在於展現武王的殺人之禮。又如〈項羽本紀〉的鴻門宴中，史公也詳述諸人坐次說：「項王、項伯東嚮坐、亞父南嚮坐……沛公北嚮坐，張良西嚮待」。這表示這個坐次有其意義。相反地《左傳》中的秦晉殽之役，卻被大幅刪裁；尤於文嬴請三帥至繆公素服郊迎一段，〈秦本紀〉及〈晉世家〉皆未如《左傳》之完整，這個現象說明了史公擇史的標準之一，蓋史家唯有能夠「詳人之所略，異人之所同，重人之所輕，而忽人之所謹」，〔註5〕才能不使歷史乏味，才能避免陳腔濫調，而成為生動的新史。唯整體而言，以新異為歷史選擇之標準，所造成對「歷史內容」的影響不是很大（這是這種標準所以可能的依據）。例如〈秦本紀〉載文公十三

〔註4〕不過客觀不能為一標準，只可為一意識，如為標準，則無選擇可言，蓋選擇的本身即帶有主觀性。

〔註5〕章學誠，《文史通義》，〈答客問上〉。

年，初有史以記事，民多化者；二十年，法初有三種之罪；又秦武公卒，「初以人從死，從死者六十六人」。〈項羽本紀〉載項王與虞姬一事。〈高祖本紀〉載劉邦歌大風一事、拒醫而呂后問國輔一事及問其父其業孰與仲多一事。〈楚世家〉載張丑言楚威王弗逐齊之田嬰一事。〈越王句踐世家〉載陶朱公救子一事。〈趙世家〉載成侯二年六月雨雪一事。〈淮陰侯列傳〉載高祖欲殺蒯通一事。〈黥布列傳〉載相者言布當黥而王一事。〈酈生陸賈列傳〉載陸賈持家養老一事。〈匈奴列傳〉詳載冒頓單于弒父準備過程一事。〈衛將軍驃騎列傳〉載一鉗徒相衛青說「貴人也，官至封侯」一事。〈平津侯（主父偃）列傳〉載主父偃族死，獨孔車敢收葬一事。〈佞幸列傳〉載相者相鄧通「當貧餓死」事。以上所舉篇章事例，多少都有「新異性」這一標準在，但這並不是說，「新異性」是這些例子被擇入歷史的唯一標準，不過可以斷言的是，有了這些特殊新穎的事情加入歷史，既不失歷史的真實，又使歷史變得有味多了。

五、汰史的標準

前面所論係針對史公正面的選擇史實而言，此處所論則指史公反面消極的裁汰史料而說的，此亦可分數點言之：

（一）去言文之不雅者

〈五帝本紀贊〉云：

> 學者多稱五帝，尚矣。然《尚書》獨載堯以來；而百家言黃帝，其文不雅馴，薦紳先生難言之……余并論次，擇其言尤雅者，故著為本紀書首。

按「擇其言尤雅者」這句話不可當為「普遍」的選擇看，而只可做為「特殊」的選擇看，即在〈五帝本紀〉中，做為選擇的依據則可，對他篇則不可。但就反面的裁汰史料來說則可，蓋所謂不雅馴，即是於理難通，所以才會連薦紳先生也難以說明白，這就可以做為全面汰史的標準了。而且，就事實言，〈五帝本紀〉之內容幾乎全本〈五帝德〉及〈帝繫姓〉，但〈五帝德〉中述黃帝、顓頊、帝嚳三帝並有乘龍之事，史公以為於理難通，故予刪除。何況年代遼遠的上古之世，史料本少，以選擇言選擇，不如以淘汰言選擇。晚近世，史料大增，則又「以選擇言選擇」勝過「以淘汰言選擇」了。

（二）去事物之無稽者

近世之科學發展，人們大都有一共同的信念──「凡是真理，必經得起

檢驗」，史公沒有這樣尖端的想法，他尊重前人的說法或紀錄，但可以檢證的，他必加以檢證，不能檢證的，他也不是斷之以常理，而是存而不論，他在〈大宛列傳〉說：

> 《禹本紀》言「河出崑崙，崑崙其高二千五百餘里，日月所相避隱為光明也。其上有醴泉、瑤池」。今自張騫使大夏之後也，窮河源，惡睹本紀所謂崑崙者乎？故言九州山川，《尚書》近之矣，至《禹本紀、山海經》所有怪物，余不敢言之也。

所謂「不敢言」未必是否定，但沒有辦法證實以前，史公是不會讓它進入歷史的，至於已證明為不實的，自然把它拋離歷史。

（三）不采世多有者及有司存者

任何一本史著，其篇幅是有限的，故史公於世間多有或有司存者，遂皆不寶而載之，例如〈封禪書〉云：

> 於是退而論次自古以來用事于鬼神者，具見其表裏，後有君子，得以覽焉，至若俎豆珪幣之詳，獻酬之禮，則有司存焉。

〈管晏列傳〉云：

> 既見其書，欲觀其行事，故次其傳，至其書，世多有之，是以不論，論其軼事。

〈司馬穰苴列傳〉云：

> 世既多《司馬法》，以故不論，論其軼事。

〈孫子吳起列傳〉亦云：

> 吳起兵法，世多有，故弗論，論其行事所施設者。

史公既如此說，故於封禪舖陳之禮及管宴等個人代表之著作，皆僅舉其名，而未予以提要或論述。

（四）疑者闕之

所謂疑者闕之，是謂歷史著作中當有，而且實有，但或因其事、或因其人、或因其時之可疑，故只好汰棄不采，以免不正確的歷史，充斥書中。史公這種作法，在儘量維持《史記》的正確度，並明白的告訴吾人，他不寫假歷史。而且他的不足處，不是無意造成的，而是歷史的限制造成的。〈高祖功臣侯者年表〉說：

> 於是謹其終始，表見其文。頗有不盡本末，著其明，疑者闕之，後有君子，欲推而列之，得以覽焉。

〈仲尼弟子列傳〉云：

> 余以弟子名姓、文字、悉取《論語》弟子問，并以爲篇，疑者闕焉。

由於這種愼重嚴謹的態度，故《史記》一書才能庶幾乎成爲「信史」，成爲「實錄」。

前述之「無稽」與此處之「疑者」，頗爲類似，但二者仍有分：前者是證諸實存的未曾發現；後者是推以歷史之不太可能。前者如《山海經》之怪物；後者因已闕之，故無法舉例。

綜括本節所列五大標準，除汰史的標準外，餘皆以正面的選擇立論，但這些選擇的標準或考慮，絕非完全獨一的成立。因爲事實上，很多史事之被選擇，是同時合於數個標準的。這些選擇標準之關係也許是並列的（如魏公子列傳爲價值取向與美善標準的並列），也許是主從的（如〈滑稽列傳〉本傳以新異性爲主，但傳中人物之選擇亦以美善標準或價值標準爲輔），或許是互相滲透的（如〈李斯列傳〉載李斯見鼠事及〈酷吏列傳〉載張湯刑鼠事，是新異的標準。但對史公而言，其事雖小，卻能把握住二人之個性，故亦有因人擇事的價值取向在），但無論如何，其中總是有某種選擇的理念存在。

附錄：史記材料來源之一

材料來源	引見篇目	引 文 備 徵	參 考 意 見
1.尙書 2.五帝德 3.帝繫姓 4.春秋 5.國語	五帝本紀贊	尙書獨載堯以來，而百家言黃帝，其文不雅馴。……孔子所傳宰予問、五帝德及帝繫姓，儒者或不傳。……總之不離古文者近是。予觀春秋國語。	或云，古文即謂「古文尙書」。五帝德、帝繫姓，見「大戴禮記」。按，太史公自序：「春秋文成數萬，其指數千。」又按，漢人以「春秋國語」爲一書，指今「國語」；瀧川資言分爲二，非是。
6.夏小正	夏本紀贊	孔子正夏時，學者多傳夏小正云。	夏小正，見「大戴禮記」。
7.詩	殷本紀贊	自成湯以來，采於書詩。	孔子世家：「詩……三百五篇，孔子皆絃歌之。」
8.牒記 9.歷譜牒 10.終始五德之傳 11.五帝繫牒 12.尙書集世 13.書序	三代世表序	余讀牒記，……稽其歷譜牒，終始五德之傳，於是以五帝繫牒、尙書集世，紀黃帝以來訖共和，爲世表。 孔子因史文，次春秋，……至於序尙書，則略無年月。	牒記，或以爲即「世本」，或以爲實譜牒的總稱。五帝繫牒，或以爲五帝下脫德、帝、姓三字。皆疑莫能明，姑誌於此。 瀧川資言的「史記會注考證,史記資料」云：「按史公堯舜三代紀事，采書序尤多。」
14.春秋歷譜牒 15.左氏春秋 16.鐸氏微 17.虞氏春秋 18.呂氏春秋 19.荀子	十二諸侯年表序	太史公讀春秋歷譜牒，……未嘗不廢書而歎也。……魯君子左丘明……成左氏春秋。鐸椒又爲楚威王傳，……采取成敗；卒四十章，爲鐸氏微。……（虞卿）爲虞氏春秋。呂不韋……集六國時事，以爲八覽、六論、十二紀，爲呂氏春秋。	梁啓超「史記所述諸子及諸子書最錄考釋」（後簡稱梁考）：漢書藝文志春秋家有鐸氏微三篇，虞氏微傳二篇，儒家有虞氏春秋十五篇，公孫固一篇。今按「漢志」著錄「董仲舒百二十三篇」。今傳「春秋繁露」十七卷，八十二篇。「儒

20.孟子 21.公孫固子 22.韓非子 23.歷譜五德 24.董仲舒春秋義		及如荀卿、孟子、公孫固、韓非之徒，各往往捃摭春秋之文以著書，不可勝記。漢相張蒼歷譜五德；上大夫董仲舒推春秋義，頗著文焉。	林傳」又言其著災異之記。至太史公是否及見「左氏春秋」問題，今不能悉辨（下周官同）；本錄例皆如此。
25.秦記 26.禮（禮記）	六國表序	太史公讀秦記，……獨有秦記，又不載日月，其文略不具。禮曰：天子祭天地，諸侯祭其域內名山大川。	按禮記，曲禮下：「天子祭天地，祭四方。……諸侯方祀，祭山川。」是「禮」當指「禮記」。
27.甘、石歷五星法	天官書	故甘、石歷五星法，唯獨熒惑有反逆行。	按「漢書」天文志，歲星條引石氏、甘氏說；「說文」女部引甘氏星經；「隋·經籍志」，著錄石氏星經二卷。
28.周官 29.終始五德之運 30.王制 31.札書	封禪書	周官曰：「冬日至，祀天於南郊」云云。自齊威、宣之時，騶子之徒，論著終始五德之運。（漢文帝）使博士諸生，刺六經中作王制。齊人公孫卿有札書。	瀧川資言云：「周官即周禮，太史公蓋約大司樂之文。」王鳴盛云：「非今記所有王制。」
32.太公兵法	留侯世家	旦日，視其書，乃太公兵法也。	太史公自序云：「司馬法所從來尚矣，太公、孫、吳、王子能紹而明之。」
33.易 34.中庸	孔子世家	孔子晚而喜「易」 子思作「中庸」	太史公自序云：「太史公受易於楊何。」
35.管子 36.晏子春秋	管晏列傳贊	吾讀管氏牧民、山高、乘馬輕重、九府，及晏子春秋，詳哉其言之也。……至其書，世多有之。	
37.老子 38.莊子 39.申子 40.老萊子	老莊申韓列傳	於是，老子迺著書上下篇，言道德之意五千餘言而去。故其（莊）著書十餘萬言，大抵率寓言也。申子……著書二篇，號曰「申子」。老萊子……著書十五篇。	梁考云：「漢志於老子之外，別有老萊子十六篇。」
41.司馬穰苴兵法	司馬穰苴列傳	齊威王使大夫追論古者司馬兵法，而附穰苴於其中，因號曰司馬穰苴兵法。……太史公曰，余讀司馬兵法。	
42.孫武子兵法 43.孫臏兵法 44.吳起兵法	孫子、吳起列傳	孫子武者，齊人也，以兵法見於吳王闔盧。闔盧曰：子之十三篇，吾盡觀之矣。孫臏以此名顯天下，世傳其兵法……太史公曰：吳起兵法，世多有，故弗論。	梁考云：「漢志，兵權謀家，吳孫子（兵法）八十二篇，即孫武。齊孫子八十九篇，即孫臏；吳起四十八篇，即吳起。今傳孫子十三篇，與史記同；漢志篇，殆後人所增益。」
45.孝經 46.弟子籍 47.論語	仲尼弟子列傳	曾參作孝經。太史公曰：……則論言弟子籍，出孔氏古文近是。余以弟子名姓文字，悉取論語弟子問，並次為篇。	
48.商君書	商君列傳贊	余嘗讀商君開塞耕戰書，與其人行事相類。	
49.主運 50.慎子 51.環淵子 52.接子 53.田駢子 54.騶奭子	孟子荀卿列傳	鄒子……如燕，……作主運。自騶衍與齊之稷下先生，如淳于髡、慎到、環淵、接子、田駢騶奭之徒，各著書言治亂之事。而趙亦有公孫龍為堅白同異之辯，劇子之言，魏有李悝盡地力之教，楚有尸子、長盧，阿之吁子焉。	漢志，陰陽家：鄒子四十九篇，鄒子終始五十六篇。人謂封禪書之「騶衍以陰陽主運顯於諸侯」及此篇之「作主運」，蓋即四十九篇之內容。而封禪書之「騶子之徒論著終始五德之運」，又即五十六篇之內容。兩書有別。

55.公孫龍子 56.劇子 57.李悝書 58.尸子 59.長盧子 60.吁子 61.墨子 62.淳于子		自如孟子至於吁子多有其書。……蓋墨翟宋之大夫，善守禦，為節用。	梁考云：「嘆志有田子二十五篇，慎子四十二篇。接予（按見田敬仲完世家），孟荀傳作接子；漢志有捷子，殆即其人。漢志有蜎子十三篇，……殆即環淵。漢志有鄒奭十二篇，亦在陰陽家。法家有處子九篇，顏師古謂即劇子。法家有李子三十二篇。雜家有尸子二十篇。道家有長盧子九篇。儒家有芋子十八篇，本注云『齊人』；王念孫謂芋地屬齊，疑即此傳之吁子。淳于子有與孟子談說語，但不聞有著書。」瀧川資言云：「按滑稽傳所載髡對齊威王問，全篇有韻之文，或是淳于子遺佚。」
63.魏公子兵法	信陵君列傳	諸侯之客進兵法，公子皆名之，故世俗稱魏公子兵法。	
64.樂毅書等 （樂、魯等書，又略見戰國策）	樂毅傳贊	始齊之蒯通及主父偃讀樂毅之報燕王書。	按「魯仲連鄒陽傳」，亦載魯連「遺燕將書」，鄒陽「上梁孝王書」。而「李斯傳」亦載「諫逐客書」等篇。
65.離騷 66.賈誼文 67.宋玉賦 68.唐勒賦 69.景差賦	屈原賈生列傳	余讀離騷、天問、招魂、哀郢，悲其志，……及見賈生弔之（按指弔屈原賦），……讀服鳥賦。楚有宋玉、唐勒、景差之徒者，皆好辭而以賦見稱。	按太史公於賈誼傳，既載其兩賦，又於秦本記、陳涉世家各取其「過秦論」以代贊。
70.蒯通、長短說	田儋傳贊	蒯通者善為長短說，論戰國之權變為八十一首。	按「漢志」有「蒯子」五篇。
71.新語（陸賈另有楚漢春秋）	酈生陸賈傳贊	余讀陸生新語書十二篇。	按贊語又云：「世之傳酈生書，多曰，漢王已拔三秦，……酈生被儒衣往說漢王。」書無考。
72.春秋雜說	平津侯主父列傳	公孫弘……年四十餘乃學春秋雜說。	「漢志」有「公羊雜記」八十三篇王先謙補注：沈欽韓曰：「弘學春秋雜說，疑此是也。」
73.司馬相如賦	司馬相如列傳	相如他所著若遺平陵侯書、與五公子相難、草木書篇、不采；采其尤著公卿者云。	按本傳載其「子虛賦」、「喻巴蜀檄」、「難蜀父老」、「諫獵疏」、「哀二世賦」、「大人賦」、「勸封禪文」。 「漢志」有司馬相如賦二十九篇。
74.韓詩內傳 75.韓詩外傳 76.禮（儀禮）	儒林列傳	韓生推詩之意，而為內、外傳，數萬言。諸學者多言禮，……於今獨有士禮，高堂生能言之。	瀧川資言云：「按士禮即儀禮。」
77.春秋公羊傳 78.春秋穀梁傳		漢興於五世之間；唯董仲舒為明於春秋；其傳公羊也。 瑕丘、江生為穀梁春秋。	
79.禹本紀 80.山海經	大宛傳贊	至禹本紀、山海經所有怪物，余不敢言之也。	
81.周書	貨殖列傳	周書曰：農不出，則乏其食；工不出，則乏其事；商不出，則三寶絕；虞不出，則財匱少。	館本考證云：「周書語，汲冢書無之，疑在所闕八篇之中。今按：汲冢『周書』，不知史公時另有傳本否。」

本表取材自盧南喬〈論司馬遷的歷史編纂學〉，收於《司馬遷——其人及其書》（台北：長安出版社，民國76年9月），頁117～125。

第五章　司馬遷的歷史解釋

　　歷史的眞實透過史家的選擇，而成爲歷史事實，但這些事實都是片斷的，要使之成爲史著，仍需藉由歷史解釋這個程序。不過，因歷史的本質側重於故事的敘述性，而敘述的本身即爲解釋的一種形式。故歷史解釋離不開歷史敘事，並且也與歷史選擇有密切的關連。

　　「解釋」二字在西方有著不同的意思：一個史家如果就某一特定的時空區間，將其中所發生的孤立的歷史事實，找出其相互間的關係，而使歷史事實成爲可理解者；或者可以指出某種現象或某種意義，這種歷史解釋可稱爲解說或說明（explanation）。如果係透過長時段及大空間的宏觀巨視，而從歷史的長河中，闡明歷史發展的軌跡或指出其意義之所在，這種通觀性的歷史解釋，我們稱之爲解釋（interpyetaion）。本章將以前者爲重點加以論述，而後面的兩章則側重在後一種意義下的探索。

第一節　司馬遷解釋歷史的方法

一、推論的解釋

　　一般而言，人生不必如歷史所記載的富有計劃，但不少《史記》中的人物，卻在史公用「目的」來解釋的傾向下，變得有計畫的去遂行他的人生過程與目標。從〈魏公子列傳〉看來，似乎魏公子早就知道日後必奪晉鄙軍以救趙，故結交侯生而能得其助；結交朱亥而能殺晉鄙；乃至替魏王寵姬報仇而能使其盜王兵符以將魏國十萬之軍以救趙。總之一切的安排都是如此的順當與恰到好處。公子所有認識的人，都被順序的安排而用在刀口上，其他的

都不在歷史中。但是我們卻可以肯定，以公子的「仁而下士，士無賢不肖皆謙而禮交之」，則被公子所禮賢之士，絕不止此。但卻只有這些人對公子之價值與幫助有重大意義，而且有助於讓我們更加的理解魏公子。於是，這些人的出現於歷史中，乃成為有道理的。換言之，這些人乃為成就魏公子而被安排，其他一切刪除，這便具有「目的路線（teleological terms）」的解釋傾向。

〈高祖本紀〉記載，高祖擊布時為流矢所中，行道病，呂后為延醫，但高祖不使治病，賜醫者金五十斤而罷。之後，〈本紀〉記載了高祖與呂后間的對話：

> 已而呂后問，陛下百歲後，蕭相國即死，令誰代之？上曰：曹參可。
> 問其次，上曰：王陵可，然陵少戇，陳平可以助之。陳平智有餘，
> 然難以獨任，周勃厚重少文，然安劉氏者必勃也，可令為太尉。呂
> 后復問其次，上曰：此後亦非而所知也。

按之《史記》，蕭、曹、王、陳、周五人相繼為丞相，而安定劉氏的果然是周勃。但如果歷史的發展，非如劉邦所言，則劉邦此話恐怕就不會被史公蒐入《史記》了。又如〈佞幸列傳〉載鄧通既幸，孝文帝使善相者相通曰：「當貧餓死」。其後所有的敘述那與鄧通的結局（竟不得名一錢，寄死人家）有所牽連。如果鄧某之結局不是這樣，則相者之言無異胡說，也就沒有記載的意義了。

由史公的敘事之中，吾人又可以發現，整體事件的發生不僅顯示出後來發生之事處處受到較早部分的決定，而且較早發生的事情，也往往受到意料中的未來部分的影響。除了前述的例子外，《史記》中還有許多的例子。例如〈陳丞相世家〉載：

> 及平長，可娶妻，富人莫肯與者，貧者平亦恥之。久之，戶牖富人
> 有張負，張負女孫五嫁而夫輒死，人莫敢娶。平欲得之。邑中有
> 喪，平貧，侍喪，以先往後罷為助。張負……獨視偉平……謂其子
> 仲曰：「吾欲以女孫子陳平。」張仲曰：「平貧不事事，一縣中盡笑
> 其所為，獨奈何予女乎？」負曰：「人固有好美如陳平而長貧賤者
> 乎？」……
> 里中社，平為宰，分肉食甚均。父老曰：「善，陳孺子之為宰！」平
> 曰：「嗟乎，使平得宰天下，亦如是肉矣！」

即與論贊總結陳平一生之言，互相影響激盪。蓋太史公說：

> 方其割肉俎上之時，其意固已遠矣。傾側擾攘楚魏之間，卒歸高帝。
> 常出奇計，救糾紛之難，振國家之患。及呂后時，事多故矣，然平
> 竟自脫，定宗廟，以榮名終，稱賢相，豈不善始善終哉！

又如〈陳涉世家〉載：

> 陳涉少時，嘗與人傭耕，輟耕之壟上，悵恨久之，曰：「苟富貴，無
> 相忘。」庸者笑而應曰：「若爲庸耕，何富貴也？」陳涉太息曰：「嗟
> 乎，燕雀安知鴻鵠之志哉！」

誇大自己，幾乎不用學而會，因此也沒有什麼值得稱道的名言，而需要予以
記錄，但當此人因懷有異志而日後果有所作爲之時，則這些話就會因後來之
事的「果」而被解釋爲極富啓發性及意義的「因」。劉邦見秦始皇所說的「大
丈夫當如此也！」項羽見始皇帝所說的「彼可取而代也。」〈李斯傳〉載李斯
的見廁中鼠與倉中鼠之異，而有「人之賢不肖，譬如鼠矣，在所自處耳！」〈張
儀傳〉所載儀謂其妻曰：「視吾舌尚在否？」其妻笑曰：「舌在也」，儀曰：「足
矣！」等皆是。

　　史公一方面透過敘述，展示歷史人物的一生，一方面又以一些相關的事
件作爲旁證，來詮釋這位歷史人物一生之所以如此。這種解釋歷史的方法是
透過選擇找到某人的事蹟言論，而這個事蹟及言論具有啓發性，能使整體的
組織富有意義。這中間前因與後果被安排成具有泛推論性，而類於「由小見
大，見微知著」等現象。於是整個歷史就變得有意義，並且成爲可理解的。

　　總之，事實上有不少史事，不是說史公選擇了關鍵的前事才去選擇其人
一生的後來發展，是是先因某人有了某種重大的事蹟，然後反過頭來去找與
此人合適而且具有關鍵性的前事的，不然何以《史記》中每一個看相的人都
是神準的，可見不準的即是無法理解的，也早已被拋出歷史之外了。

二、歸納的解釋

　　前述「目的路線」的解釋，有著推論及演繹的性質，此處論述史公的歸
納的解釋。

　　雖然也是在建立通則，但歷史的歸納，不同於數學的歸納或完全的歸納，
它是在有限的時空中所爲之歸納，故爲不完全的歸納。而且此種歸納，其失
去的證據，恐怕比被蒐集的證據還要多。此外，如有少數例外的證據，亦可
能會被史家所棄。故歸納法所得之結論與通則不具普遍性，這是首先要加以

說明的。

無疑的，史公亦有歸納的解釋。「目的路線」的解釋，多存諸敘事之中，而歸納的解釋，則多見於序贊之內。例如〈孝景本紀贊〉之「安危之機，豈不以謀哉？」；〈楚元王世家贊〉之「安危在出令，存亡在所任」；〈匈奴列傳贊〉之「唯在擇任將相哉！唯在擇任將相哉！」等。這是史公「稽其成敗興壞之理」之後的一個主要結論。其中所歸納的則是——人才（良將賢相）的進用，才是治平天下家國的關鍵。而這個結論即是歸納的解釋方法下的產物，而齊桓之霸，燕昭之勝，殘齊之復，強秦之統一，項羽之敗亡，劉漢之興起，李牧之克匈奴等史實，皆是史公歸納的依據。

史公解釋歷史又有看似演繹，實為歸納者，例如〈六國年表〉所云：

> 或曰「東方物所始生，西方物之成熟」。夫作事者必於東南，收功實者常於西北，故禹興於西羌，湯起於亳，周之王也以豐鎬伐殷，秦之帝用雍州興，漢之興自蜀漢。

其中「作事者必於東南，收功實者常於西北」是歸納的通則，「故」是演繹用字。但這個通則卻是依據後敘的例子歸納而來，故仍為歸納的解釋。又如〈循吏列傳序〉所說：「奉職循理，亦可為治，何必威嚴哉？」其後即一一列出先秦之循吏五人，這也是同樣的例子。所不同的只是，前者之歸納，可能受到陰陽五行說的影響，而後者則純粹是由歷史歸納而來。

第二節　司馬遷的歷史假設與歷史想像

一、司馬遷的歷史假設

歷史是一種不可逆轉的發展，因此有些人會覺得去假設歷史不照既成路線之發展，是一個無聊的問題。[註1] 然而如果沒有適當的歷史假設，某些歷史事件之樞機所在，吾人就無法恰如其分的明白。換言之，也就無法做同情的瞭解。吾人試想，蒯通說淮陰侯反漢之時，淮陰侯心中，豈無造反成敗後果之思慮（假設）；吳楚反時，豈無對勝敗結果做過分析思考？而這一分析思

[註1] 基於歷史假設，只是一種可能，西方史家愛德華·麥爾（Eduard Meyer）認為：「這是一個完全無法回答的問題，因此是個無聊的問題。」這種說法已為社會學家韋柏（Weber）所駁斥。見黃進興著譯《歷史主義與歷史理論·韋伯方法論論文譯稿·歷史解釋的邏輯（The Logic of Historical Explanation）》（台北：允晨文化實業股份有限公司，民國81年3月），頁289～312。

考，即是歷史人物對當時狀況所做的研判，在因果關係上，這是一個關鍵性的因素。於歷史家而言，也是必須對之做合理的假想的。例如史家思考，如果我是韓信，我如何做選擇，如果我是吳王、楚王，又當如何？史家唯有做如此的思考，才堪稱爲同情的瞭解，或是設身處地的思考，也唯有這樣，才有助於瞭解歷史。

當然史公寫的是歷史，也就是說其最後呈現的只是眞實的結果。至於歷史人物之假設及判斷過程的內心運作則只好儘量的不做交待，不過我們在翻檢《史記》一書時，仍可發現史公敘事牽扯歷史假設之痕跡，而這個痕跡的遺留有三個層次可言。

第一個層次，史公只是如實的敘述歷史人物對歷史事件之可能發展的研判，例如〈魏世家〉所載信陵君諫伐韓一事，即是一個標準的例子，《史記》這樣記載信陵君的話：

> 夫存韓安魏而利天下，此亦王之天時巳。通韓上黨於共、甯，使道安成，出入賦之，是魏重質韓以其上黨也。今有其賦，足以富國。韓必德魏愛魏重魏畏魏、韓必不敢反魏，是韓則魏之縣也。魏待韓以爲縣，衛、大梁、河外必安矣。今不存韓，二周、安陵必危，楚、趙大破，衛齊甚畏，天下西鄉而馳秦入朝而爲臣不久矣。

又如〈酷吏列傳〉載匈奴來請和親，群臣議上前，由於狄山對張湯之反唇相譏，武帝不高興，於是問狄山「居一郡，能無使虜入盜乎」？狄山說不能，武帝逐漸縮小治地範圍，而問狄山能治否，到最後「山自度辯窮且下吏」，於是說：「能」。這說明博士狄山對可能狀況的假設，研判與決定，只是最後狄山仍然逃不過這一劫，因爲「上遷山於郊，至月餘匈奴斬山頭而去」。

由以上兩個例子看來，歷史人物是常做假設性的研判的，而事實上我們在日常生活中，尤其是工作上的思考亦常常在假設與研判。

至於第二個層次的歷史假設是引述前人的歷史假設。例如〈秦始皇本紀〉末，史公以賈誼〈過秦〉之文爲論，其中賈誼所說：

> 借使秦王計上世之事，並殷周之迹，以制御其政，後雖有淫驕之主而未有傾危之患也。

又說：

> 鄉使二世有庸主之行，而任忠賢，臣主一心，而憂海內之患，縞素而正先帝之過……而以威德與天下，天下集矣。

〈酈生陸賈列傳〉中，陸賈對劉邦說：

> 鄉使秦已并天下，行仁義，法先聖，陛下安得而有之。

在〈蘇秦列傳〉中，史公更特載了蘇秦的一句話：

> 使我有雒陽負郭之田二頃，吾豈能佩六國相印乎？

此更可見歷史人物有對歷史假設的可能。

第三個層次，則是史公自身對歷史發展的假設。嚴格言之，這才是真正所謂的「歷史」假設（而前二者只是在對歷史作分析研判預測而已）。史公的歷史假設，可見者不過數例而已，例如〈樊酈滕灌列傳〉中，史公說：

> 是日微樊噲犇入營譙讓項羽，沛公事幾殆。

又如〈魏世家〉載魏惠王元年，韓趙圍魏，趙欲除魏君，王新君，割地而退。但韓認為不如兩分魏地，則魏不彊於宋衛而無患，結果是「趙不聽（韓），韓不悅，以其卒夜去」。史公接者下論議說：

> 惠王所以身不死，國不分者，二家謀不和也。若從一家之謀，則魏必分矣。

再如〈楚元王世家贊〉，史公說：

> 使楚王戊毋刑申公，遵其言，趙任防與先生，豈有篡殺之謀，為天下僇哉？

再如〈淮陰侯世家贊〉，史公說：

> 假令韓信學道而謙讓，不伐己功，不矜其能，則庶幾哉，於漢家勳可以比周召太公之徒，後世血食矣。

以上所舉史公自身對歷史的假設，自是一種「後見之明」，而前二層次之預測、研判，則雖屬「先見」，但這種先見不見得必定是「明」的，有時卻是先見之「蔽」。不過無論如何，從這三個層次的歷史假設看來，顯然史公認為歷史是可以假設的，但歷史假設也顯有其限度，是即不能做太過的發展推論，否則此事將沒完沒了。舉例而言，我們只可說，使淮陰侯反漢當別是一番局面，卻無法測出其後可能的發展是如何的局面，這一切只好任由讀史者去假設許多的假設，而架構出其虛幻的「希望歷史」。至於史公對歷史假設所做的研判論斷是否比歷史中的當事人之研判更正確這一問題，韋伯（Weber）的一段話似乎是非常好的答案，他說：

> 比起英雄，史家具有的主要優勢是：無論如何，史家從經驗上得知行為者，以知識和期望為憑藉所作事實的估價是否切合實情，這只

要從實際成功的程度來觀察即可分曉。〔註2〕

二、司馬遷的歷史想像

　　儘管史公未嘗明言「歷史想像（historical imagination）」一辭，但從其敘事中，我們不但可以發現史公的歷史想像，並且瞭解歷史想像對歷史重建的重要性。而歷史著作之所以成立，除了依據史料史實及史家的選擇外，還有一個最重要的動作，是即歷史的建構與連貫（continue），而建構與連貫則有賴於歷史之想像。譬如我們上午在台北出現，下午在高雄出現，對於一個相干卻未曾片刻不離的守在我們身邊的人而言，他最合理的解釋與推測，便是想像我們從台北到了高雄，否則他無從建立這一段事實之過程。

　　對於史公而言，他的歷史想像更是深刻，他在〈孔子世家〉說：

> 詩有之：「高山仰止，景行行止」。雖不能至，然心鄉往之，余讀孔
> 氏書，想見其爲人。適魯，觀仲尼廟堂車服禮器，諸生以時習禮其
> 家，余祇迴留之，不能去云。

由這段話，我們知道，史公讀了孔子的書，可以想像他的爲人，及親赴魯地，看到了孔子廟堂之車服禮器以及諸生的研習乃至排練禮儀而深感動，於是低徊不能離去，這更是深度的想像了。也唯其這樣的想像，史公才能於孔子諸多的言行中，擇其最能展現孔子面貌者，而成〈孔子世家〉。以故相當不好寫的孔子世家，限於資料及時序，在史公筆下仍舊可讀，尤以文末述孔子之死，千載下讀之，仍令人起悲涼之感，〔註3〕其贊文更是對夫子推崇備至，而言人所未言。綜觀全篇，如果不是史公深入的體會與想像，是難以達到如此的境界的（當然沒有相當的史才，雖有想像，也難以表達，是史公之史才自不可忽視）。

　　又如〈屈原賈生列傳〉贊中，太史公說：

> 余讀〈離騷〉、〈天問〉、〈招魂〉、〈哀郢〉，悲其志，適長沙，觀屈原
> 所目沈淵，未嘗不流涕，想見其爲人。

也是同樣的例子，這其中也包括了「直覺（intuition）」、「專注（involement）」、

〔註2〕　見同註1。

〔註3〕　起悲涼之感者，絕不止筆者一人，《史記評林》卷四十七，載有王章之一段話，亦可爲一證：……《孔子世家》本非太史公力量所及，然採經摭傳，其用心亦勤矣。雖時有淺陋，而往往能識其大者，《世家》末引子貢、顏淵語，甚有見。乃獲麟與顏淵死相次，自此以後敘夫子卒時，讀之令人淒愴，起千載之感。

「同情（sympathy）」、「憐憫（compassion）」，而概括言之，可以用想像（imagination）一詞爲代表。〔註4〕

又如前節所引〈高祖本紀〉載劉邦病重，並拒絕了呂后爲他所請的醫者後，呂后問劉邦有關輔國之臣誰可相代的一段對話。按劉邦與呂后的那一段對話，自非常人所得聞，亦不便如詔議奏令般的列入檔案，史公當時尚未出生，自亦無由得親聞。但不論史公從何得知高祖與呂后之對話以及當時高祖的眞正說辭如何，可以確定的是，如非史公透過想像，是絕無法如史公親聞二人對話一樣的記錄下這一段史事的。

又如〈魏公子列傳〉載公子過侯生一段：

> 公子從車騎，虛左，自迎夷門侯生。侯生攝敝衣冠，直上載公子上坐，不讓，欲以觀公子，公子執轡愈恭。侯生又謂公子曰：「臣有客在市屠中，願枉車騎過之。」公子引車入市，侯生下見其客朱亥，俾倪故久立，與其客語，微察公子。公子顏色愈和。當是時，魏將相宗室賓客滿堂，待公子舉酒。市人皆觀公子執轡。從騎皆竊罵侯生。侯生視公子色終不變，乃謝客就車。

我們不知史公寫此段之史實何據，但能描述細節入微。一如目睹者，恐怕與史公想像有不小的關係。當然這種想像並非絕對的眞實，但卻不可謂之虛妄，因爲這種想像，是合理的，亦是「像話」的，於此，歷史變得讓我們更易理解，似乎過程就是如此過來的。

再如〈留侯世家〉太史公所云：

> 上曰「夫運籌策帷帳之中，決勝千里外，吾不如子房。」余以其人（指子房）計魁梧奇偉，至見其圖，狀貌如婦人好女。

也是一種歷史想像，但這個想像容或錯誤，卻與歷史事件沒有多大的關連，〔註5〕而史公仍將此事當成一個教訓，而說：「蓋孔子云：『以貌取人，失之子

〔註4〕這些詞之可以用「想像」一詞爲代表而概括之，見杜維運，《史學方法論》，第十二章〈歷史想像與歷史眞理〉（台北：三民書局總經銷，民國80年4月），頁191。

〔註5〕徐復觀先生以爲史公「余以爲其人，計魁梧奇偉」爲史公之側筆，蓋爲點醒〈留侯世家〉中，史公言張良病者凡六。以告訴吾人，張良的病是裝出來的，其目的在提防劉邦。見氏著《兩漢思想史》，卷三〈論史記〉（台北：學生書局，民國78年2月），頁420。但本人不盡贊同這種看法。因爲《世家》明言張良病或留侯性多病，乃至「道引不食穀」，他是眞的身體不好。至於史公因劉邦那句「夫運籌策帷帳之中，決勝千里外，吾不如子房」的話，把張良想

羽。』留侯亦云。」

　　總之史料本身再怎樣完備，都有其缺陷性，蓋歷史人物之思考，情感及人情難以筆墨宣洩之秘，都難於資料中蒐尋，而需賴史家之想像始克圓其神貌。故由史家所想像的，無法在歷史中驗之於實物，換言之，無法證其爲虛妄錯誤，除非如前述史公自言之失計（計張良之魁梧奇偉），此外，我們只有相信史公之所敘述，這也是歷史想像所以成立之理由。

第三節　司馬遷對歷史偶然的看法

　　《史記》中記載偶然之事例不少，這些「偶然」對歷史有的造成重大的影響，有的則成爲歷史中的小插曲，本節試者經由全面的檢驗，以找出史公對歷史中的偶然所抱持的態度。

　　先看〈秦本紀〉所載的一件事：

> 武王有力好戲，力士任鄙、烏獲、孟說皆至大官。王與孟說舉鼎，絕臏。八月，武王死。族孟說。武王娶魏女爲后，無子。立異母弟，是爲昭襄王。昭襄母楚人，姓芈氏，號宣太后，武王死時，昭襄王爲質於燕，燕人送歸，得立。

這一段史事中，包括了四個較大的歷史事件。其一是武王舉鼎而死，這是純然的意外事件。其二是孟說因武王之死而被族，這是因前面之意外所造成，但事件本身並不意外。其三是武王之無子，此中自有生理之因素。其四是昭襄之得立，這個事件有許多外緣與權謀的配合，故亦不可謂偶然。眞正可稱爲偶然者，是爲武王之死。〔註6〕但不論如何，史公於此事未加評論。

　　再如〈項羽本紀〉載：

> （漢三年）春，漢王部五諸侯兵，凡五十六萬人，東伐楚……項王乃西從蕭，晨擊漢軍而東，至彭城，日中，大破漢軍……殺漢卒十餘萬人……漢軍卻，爲楚所擠，多殺，漢卒十餘萬人皆入睢水，睢水爲之不流。圍漢王三匝。

照這種大勢看來，漢王就要被擒了，但就在此時發生了重大的天變。太史公

　　像成是魁梧奇偉的大丈夫，並非不合理。何況多計的陳平也是「長大肥美」的。等到史公見到圖像，發現張良竟像漂亮的女人一樣。所以他引孔子的話「以貌取人，失之子羽」來自我警惕。

〔註6〕按照常理，武王舉鼎當不該死，但卻死於運動傷害，故判爲偶然事件。

接著敘述當時的情況說：

> 於是大風從西北而起，折木發屋，揚沙石，窈冥晝晦，逢迎楚軍。
>
> 楚軍大亂，壞敗，而漢王乃得與數十騎遁去。

史公用「乃得」二字，可見他認為如果不是這場天變，則漢王早就被擒了。於此，這個歷史的偶然不再是個插曲，而是起了關鍵性影響的事件。唯史公不但未對此事作評論，且於贊中批評項羽：「乃引『天亡我，非用兵之罪也』，豈不謬哉！」。

又如〈河渠書〉這樣記載鄭國渠一事：

> 韓聞秦之好興事，欲罷之，毋令東伐，乃使水工鄭國閒說秦，令鑿涇水自中山西邸瓠口為渠，並北山東注洛三百餘里，欲以溉田，中作而覺，秦欲殺鄭國。鄭國曰：「始臣為閒，然渠成亦秦之利也。」秦以為然，卒使就渠。渠就，用注填閼之水，溉澤鹵之地四萬餘頃，收皆畝一鐘。於是關中為沃野，無凶年，秦以富彊，卒并諸侯，因命曰鄭國渠。

此實為歷史上，弄巧成拙的大公案，太史公用「於是關中為沃野，無凶年，秦以富彊，卒併諸侯」敘述此事，可見此事影響重大，但史公對此事亦未加評論。

又如〈齊太公世家〉載齊太公急就國一事說：

> 於是武王已平商而王天下，封師尚父於齊營丘。東就國，道宿行遲。逆旅之人曰：「吾聞時難得而易失。客寢甚安，殆非就國者也。」太公聞之，夜衣而行，犁明至國，萊侯來伐，與之爭營丘。

我們雖無法知道，如果太公果行遲，後果會有怎樣重大的變化，但逆旅主人之說，總是一個偶然，而對太公有所幫助。不過，史公對此事仍未作任何的論斷。

其他如〈呂太后本紀〉所載朱虛侯擊呂產，「產走，天風大起，以故其從官亂，莫敢鬥。逐產，殺之郎中吏廁中。」〈魏豹彭越列傳〉所述高祖已赦梁王彭越為庶人，傳處蜀青衣（地名），卻道逢呂后，後遂遇害。〈韓信盧綰列傳〉所載「燕王綰悉將其宮人家屬騎數千居長城下，侯伺，幸上病瘉自入謝」，但高祖卻一病不起，盧綰只好投降匈奴。〈李斯列傳〉所載趙高使其客十餘輩詐為御史、謁者、侍中，更往覆審訊李斯造反事，李斯皆以實告，以明不反，「趙高則使人復榜之。後二世使人驗斯，斯以為如前，終不敢更言，辭服」。竟失去唯一的平反機會。〈樊酈滕灌列傳〉所載高祖派陳平載周勃代樊噲將，

即軍中斬樊噲,但陳平怕呂后,不敢殺樊噲(呂后之妹婿),於是「執噲詣長安」。到達的時候,因爲高祖已死,所以呂后便釋放了樊噲,這些事件中都含有一些偶然的因素,其事小,史公也是未對任何一事加以評論。

全面檢察《史記》一書,史公對於歷史之偶然,加以再說明者,只有二處,是即〈范睢蔡澤列傳〉及〈平津侯主父列傳〉的贊。太史公說:

> 然士亦有偶合,賢者多如此二子,不得盡意,豈可勝道哉!
>
> 公孫弘行義雖脩,然亦遇時。漢興八十餘年矣,上方鄉文學,招俊義,以廣儒墨,弘爲舉首。

這分明是承認歷史偶然的存在,但對偶然的本身仍未見有所評論,而只有慨嘆而已。

綜觀前述的例子,吾人可以看出史公承認歷史偶然(或包括歷史機運)的存在,並且也認爲歷史的偶然有時對歷史發展的方向和結果有極大的影響,但由於這個偶然非依於歷史人物之本身理念而發生,故只好命定的加以承認與接受,卻莫可言其奈何,而這也正是歷史判斷的所由表現之一,故觀前述的偶然事件,也多易令人興起淒涼悲愴之感。

第四節　司馬遷筆下的歷史教訓——以「太史公曰」 爲主

儘管黑格爾(Hegel)說過:「歷史的教訓,就是——從來沒有人從歷史中學到什麼」。〔註7〕但歷史有沒有、能不能提供可學習的東西是一回事,人們有沒有、能不能、願不願從歷史中去學習某些東西又是一回事。雖然人是健忘的動物,但如果吾人能謙虛的反躬自省則必然可從歷史中,甚或僅僅是自身的失敗中得到一些教訓。二十世紀,美國的威爾・杜蘭(Will and Ariel Durant)夫婦,曾對自已震鑠世界的文明史,作一全面的觀察,而寫下一本「歷史的教訓(The Lessons of History)」,〔註8〕足見歷史不但有教訓可言,

---

〔註7〕黑格爾說:「人們慣以歷史經驗的教訓,特別介紹於各君主,各政治家,各民族國家。但是經驗與歷史所昭示我們者,卻是各民族與各政府未嘗從歷史方面學到什麼,也未嘗依據歷史上抽繹出來的法則行事。見氏著,謝詒徵譯,《歷史哲學・緒論》(台北:水牛出版,民國78年7月),頁9。

〔註8〕見威爾杜蘭夫婦(Will and Ariel Durant)原著,鄭緯民譯,《歷史的教訓(The Lessons of History)・作者簡介》(台北:巨流圖書公司,民國76年4月),頁3〜6。

歷史教訓更是歷史重大的功用或價值之一。

　　二千年前的史公在《史記》中，早已肯定歷史教訓之存在價值，〔註9〕並且多次的展現了他所體會的歷史教訓，這些歷史教訓，經由他的歸納，似乎已形成某些通則，而能對吾人的瞭解歷史，提供一定的幫助。當然這其中也包含了鑑戒的作用，而整部《史記》最被史公重視而最常被引作教訓的約有下列數點：

一、「富貴多士貧賤寡友」之類的人情冷暖

　　孟嘗君門下食客嘗數千人，但「自齊王毀廢孟嘗君，諸客皆去」，及齊王「召而復之」，孟嘗君嘆息說，如果這些人再來找他，他「必唾其面而大辱之」。但馮驩卻對他說：

> 富貴多士，貧賤寡友，事之固然也。君獨不見夫趣市朝者乎？明旦，
> 側肩爭門而入，日暮之後，過市朝者掉臂而不顧，非好朝而惡暮，
> 所期物亡其中。（〈孟嘗君列傳〉）

這不僅是史公記載孟嘗君之事，又借馮驩之口，說出人世之現實無情。

　　〈廉頗列傳〉中，也記載了類似的情形：

> 廉頗之免長平歸也，失勢之時，故客盡去。及復用爲將，客又復至。
> 廉頗曰：「客退矣！」客曰：「吁！君何見之晚也？夫天下以市道交，
> 君有勢，我則從君，君無勢則去，此固其理也，有何怨乎？」

蘇秦在未得志之前，曾「出游數年，大困而歸」，因此，「兄弟嫂妹妻妾竊皆笑之」。及配六國相印歸來，「昆弟妻嫂側目不敢仰視，俯伏侍取食」。蘇秦笑問其嫂說：「何前倨而後恭也」，他的嫂嫂竟赤裸裸的回答他說：「見季子位高多金也」。這種情形，使得蘇秦深深的嘆息：「此人之身，富貴則親戚畏懼之，貧賤則輕易之，況眾人乎？」而這一嘆也代表著史公心中的嘆息。〔註10〕

　　〈汲鄭列傳〉中，汲黯之剛正廉直，至以大將軍之寵，「遇黯過於平生」，賓客自然不少，而鄭莊爲太史，誠告門下說：「客至，無貴賤無留門者」，連武帝都聽說：「鄭莊行，千里不齎糧」的話，但史公於傳末卻載：「此兩人中

〔註9〕〈太史公自序〉云：「故有國者不可以不知《春秋》，前有讒而弗見，後有賊而不知。爲人臣者不可以不知《春秋》，守經世而不知其宜，遭變事而不知其權。爲人君父而不通於《春秋》之義者，必蒙首惡之名。爲人臣子而不通於《春秋》之義者，必陷篡弒之誅，死罪之名。」

〔註10〕按顧炎武，《日知錄》，卷二十六〈史記於序事中寓論斷〉條所論，則蘇秦之嘆息，亦代表史公對此事之慨嘆。

廢，家貧，賓客益落」。最後史公並評論說：

> 夫以汲、鄭之賢，有勢則賓客十倍，無勢則否，況眾人乎！下邽翟
> 公有言，始翟公爲廷尉，賓客闐門；及廢，門外可設雀羅。翟公乃
> 大署其門曰：「一死一生，乃知交情。一貧一富，乃知交態。一貴一
> 賤，交情乃見。」汲、鄭亦云，悲夫！

孟嘗、張儀，廉頗等人去史公之世已經百有餘年了，而汲鄭二人，卻當史公
及身之世，並且同朝爲官，他們的起落與賓客之聚散，怎不叫史公慨嘆？然
而這一切畢竟只是發生在他人的身上，只不過「感同身受」而已，但到了李
陵案發，史公下於理官，當時的情形卻是「家貧，財賂不足以自贖，交遊莫
救，左右親近不爲一言」。這回是切身之痛了，這個歷史教訓遂深深的烙在他
的心中。所以史公在〈貨殖列傳〉中才會這樣說：

> 君子富，好行其德，小人富，以適其力，淵深而魚生之，山深而獸
> 往之，人富而仁義附焉。富者得勢益彰，失勢則客無所之。

又說：

> 「千金之子，不死於市」此非空言也。

又說：

> 若至家貧親老，妻子軟弱，歲時無以祭祀進醵，飲食被服不足以自
> 通，如此不慙取，則無所比矣。……無巖處奇士之行，而長貧賤，
> 好語仁義，亦足羞也。

這是史公從歷史及自身所獲得教訓中，領略了金錢財富與世俗仁義道德表象
間的關係，而有了更深刻的體認與看法。亦點出了金錢財富對於生活基本需
求的重要性，甚至可能的救命作用。〔註11〕

二、「聖德之後必有餘烈」之類的德報因果

〈孔子世家〉載：

> 魯大夫孟釐子病且死，戒其嗣懿子曰：「孔丘，聖人之後，滅於宋。
> 其祖弗父何始有宋而嗣讓屬公。及正考父佐戴、武、宣公，三命茲
> 益恭……吾聞聖人之後，雖不當世，必有達者。今孔丘年少好禮，
> 其達者歟？……」

〔註11〕如〈越王句踐世家〉載陶朱公千金救子之事即是一例，而史公在〈報任少卿
　　　　書〉中表示「家貧不足以自贖」，如果史公家有千金，恐怕不致於罹受腐刑
　　　　了。

是在孔子之時，已有這類德報的觀念存在。但這種德報的關係，僅係就單一的個人而言，即所謂「聖人之後，雖不當世，必有達者」。如整個氏族封國而言，史公的德報觀念應該來自〈陳杞世家〉中，這樣的一段話：

> 晉平公問太史趙曰：「陳遂亡乎？」對曰：「陳，顓頊之族。陳氏得政於齊，乃卒亡。自幕至于瞽瞍，無違命。舜重之以明德，至於遂（人名）世世守之……且盛德之後，必百世祀。虞之世未也，其在齊乎？」

其中「盛德之後，必百世祀」這句話，已是太史趙所嘗聞之歷史通則，史公將之比對於史實，於是證成了這個通則，而有下列類似的德報因果論。

例如〈燕世家贊〉云：

> 召公奭可謂仁矣，甘棠且思之，況其人乎？燕外迫蠻夷，內措齊晉，崎嶇強國之間，最爲弱小，幾滅者數矣，然社稷血食者八、九百歲，於姬姓獨後亡，豈非召公之烈邪！

〈韓世家贊〉亦云：

> 韓厥之感晉景公，紹趙孤之子武，以成程嬰、公孫杵臼之義，此天下之陰德人也。韓氏之功，於晉未覩其大者也。然與趙、魏終爲諸侯十餘世，宜乎哉！

〈東越列傳贊〉亦云：

> 越雖蠻夷，其先豈嘗有大功德於民哉，何其久也！歷數代常爲君王，句踐一稱伯。然餘善至大逆，滅國遷眾，其先苗裔繇王居股等尚封爲萬戶侯，由此知越世世爲公侯矣。蓋禹之餘烈也。

這種「聖人之後，必有達者」與「聖德之後，必百世祀」的說法在觀念上是相通的；〔註12〕而由句子中所用之「必」字及史公所謂的「宜乎哉」，表現出此爲歷史之「必然」與「應然」。而〈東越列傳贊〉之「蓋禹之餘烈也」也顯示出此事之可解。此爲其歷史通則之所以成立。不過史公對於類似下列之事，則感到歷史之不該如此（此亦牽涉到道德判斷）。例如〈西南夷列傳贊〉云：

> 楚之先，豈有天祿哉？在周爲文王師，封楚。及周之衰，地稱五千

〔註12〕聖人之所以爲聖人，以其有聖德。而有聖德者乃可謂聖人。孔子自是聖人，而至史公之世，孔子仍享祀不絕，此亦可謂「聖人之後，必百世祀」。所以說「聖人之後，必有達者」與「聖德之後，必百世祀」觀念上是相通的。

里。秦滅諸侯，唯楚王苗裔尚有滇王，漢誅西南夷，國多滅矣，唯
滇復爲寵王。

〈六國年表〉亦云：

論秦之德義不如魯衛之暴者，量秦之兵不如三晉之彊也，然卒并天
下，非必險固便形勢利也，蓋若天所助焉。

〈秦楚之際月表〉也說：

昔虞、夏之興，積善累功數十年……然後在位。湯、武之王，乃由
契、后稷脩仁行義十餘世……其後乃放弒。秦起襄公……蠶食六國，
百有餘載，至始皇乃能并冠帶之倫。以德若彼，用力如此，蓋一統
若斯之難也。

……然王跡之興，起於閭巷……豈非天哉，豈非天哉！非大聖孰能
當此受命而帝者乎？

「聖德餘烈」的觀念，史公已爲明白的標舉。但歷史上不乏無德（或無力）
有報之事，此非歷史的應然之理，以歷史通則而言，是例外。於歷史常理而
言，是不可理解的，故史公用「天祿」、「天所助焉」及「豈非天哉」三句話
把這三段歷史歸之於人事所無可奈何而幽冥難知的「天」。這是一種「權」
釋。權釋自是通則之例外的解釋，但不論其爲通則內之事或通則外之事，顯然都
存在於歷史。此亦歷史通則爲不完全歸納的又一顯例。

三、「隱退柔弱謙益自損」之類的處世原則

史公經世之思想雖以儒家思想爲宗，〔註13〕但在歷史的教訓方面仍攝取
了不少道家的思想，而表現於《史記》之中，則是引老莊之語及取老莊之義
二者都有。例如〈扁鵲倉公列傳贊〉說：

女無美惡，居宮見妒；士無賢不肖，入朝見疑。故扁鵲以其伎見殃，
倉公乃匿迹自隱而當刑……故老子曰「美好者不祥之器」，豈謂扁鵲
等邪？若倉公者，可謂近之矣。」

其中「美好者不祥之器」一語，雖非今本老子一書所得見，〔註14〕但史公明

〔註13〕見蔡老師信發〈太史公思想之蠡測〉，《孔孟月刊》十八卷六期（民國69年2
月），頁27～31。

〔註14〕今本老子並無「美好者不詳之器」這句話，而有作「夫佳（唯）兵者不祥之
器」，或以爲是化用典故，然查馬王堆出土之漢墓葬帛書老子甲、乙本，只作
「兵者不祥之器」，史公之言不知何本。

指其言，當另有所本，而其意旨亦頗近於《莊子・山木篇》的不材免伐。至於「女無美惡」四句則引自〈魯仲連鄒陽列傳〉中之〈鄒陽獄中上梁王書〉，唯該書作「女無美惡，入宮見妒；士無賢不肖，入朝見嫉」。此蓋史公有感於宮庭與女寵之殘酷鬥爭，所得之教訓：如戚夫人爲呂后加害之悲慘下場（〈呂太后本紀〉）；灌夫、竇嬰之死（〈魏其武安侯列傳〉）；陳平爲絳、灌所讒（〈陳丞相世家〉）及絳、灌、東陽侯、馮敬之輩的毀短賈誼（〈屈原賈生列傳〉）等皆屬之。

〈吳王濞列傳贊〉所謂：「毋爲權首，反受其咎」〔註15〕與《老子》之言：「不敢爲天下先（六十七章）」之意如出一轍，蓋亦道家處世之一大智慧。而史公自己在李陵投降匈奴，主上爲之食不甘味，聽朝不怡，「大臣憂懼，不知所出」的時候，卻「推言陵功」，終於受到迫害。故於「毋爲權首，反受其咎」的體會當是十分深刻的。

〈齊悼王世家〉載，齊相召平爲魏勃所騙，失去兵權，終不能阻止王之發兵造反，於是自殺，死前曾說：

　　嗟乎！道家之言「當斷不斷，反受其亂」，乃是也。

而〈春申君列傳贊〉，史公評春申君亦云：

　　語曰：「當斷不斷，反受其亂。」春申君失朱英之謂邪？

可見道家此語已爲史公列爲歷史教訓之通則，而以俗諺之面貌出之。

其他如「察見淵中魚，不祥」（〈吳王濞列傳〉）、「變古亂常，不死則亡」（〈袁盎鼂錯列傳〉）、「小醜備物，終必亡」（〈周本紀〉）、「暴得大名，不祥」（〈項羽本紀〉）等亦皆爲道家處世之準則，而早爲人們引以爲訓，史公遂亦收進《史記》之中。

然而所有道家處世之思想中，最令史公深刻者，恐怕應屬「功成身退」之處世原則。此種處世原則雖出自《老子》第二章之「功成弗居，夫唯弗居，是以不去」，但從歷史中所得之教訓更讓史公驚心動魄。劉邦殺戮功臣之過程中，淮陰侯說了一段一針見血的話：

　　果若人言，「狡兔死，良狗亨；高鳥盡，良弓藏；亂國破，謀臣亡。」

　　天下已定，我固當亨。〔註16〕

〔註15〕按此語雖在〈吳王濞列傳〉中，但乃史公譏評鼂錯之語。

〔註16〕按史公所敘韓信語，恐自〈越王句踐世家・范蠡致文種書〉中來。該書云：「蜚鳥盡，良弓藏，狡兔死，走狗烹。越王爲人長頸鳥喙，可與共患難，不可與

〈范雎蔡澤列傳〉中蔡澤說范雎讓出相位時，更舉了商君、白起、吳起、文種等四個例子，說他們「功成不去，禍至於此」，而蔡澤也以此說動了范雎。反觀功成身退，或功成弗居的張良、范雎等都有好下場，而卑弱自守的曹參，時時提防的蕭何等人也得到善終。兩相對照，強烈的反應了道家此一處世原則在政治上的偉大智慧。

四、環境決定論

中國最早具有環境決定論色彩的話，是《荀子》說的：

> 蓬生麻中，不扶而直；白沙在涅，與之俱黑……故君子居必擇鄉，
> 遊必就士，所以防邪僻而近中正也（《荀子·勸學》）

這段話之前四句，並曾被補《史記》的褚少孫先生在〈三王世家〉中引用，並解釋說：

> 傳曰「蓬生麻中，不扶而直；白沙在泥中，與之俱黑」者，土地教
> 化使之然也。

而《淮南子·地形訓》也系統的說明了地理與人文的關係。至於史公之論，則散見《史記》各篇之中，如〈齊世家贊〉即云：

> 吾適齊，自泰山屬之琅邪，北被于海，膏壤二千里，其民闊達多匿
> 知，其天性也。

因為地域廣大，物產豐富，所以人民闊達，至於含蓄與深藏智慧，或與曹參齊太公之教化有關。〔註17〕又如〈張儀列傳〉贊說：

> 三晉多權變之士，夫言從衡彊秦者大抵三晉之人也。

這是因為秦之東併六國，首逢三晉，三晉依違齊、楚、彊秦之間，又是四戰之地，外交折衝，深謀遠慮，自所不免。故多權變及言從橫之人。

又如〈孟嘗君列傳贊〉說：

> 吾嘗過薛，其俗閭里率多暴桀子弟與鄒魯殊。問其故，曰：「孟嘗君
> 招致天下任俠，姦人入薛中蓋六萬餘家矣。」

按：孟嘗君封於薛不過一萬戶，姦人入薛中豈可有六萬家？但這總是說明了

　　共榮。子何不去？」
〔註17〕〈曹相國世家〉載，參曾為齊相，「其治要用黃老術，故相齊九年，齊國安樂，大稱賢相」。而太公為文王、武王師，〈世家〉稱「其事多兵權與奇計，故後世之言兵及周之陰權，皆宗太公為本謀」，又云：「天下三分，其二歸周者，太公之謀計居多。」

這些為姦任俠之族群改變了環境,而這環境又影響了後代的子弟。

又如〈淮南衡山列傳〉中,史公說:

> 此非獨王過,亦其俗薄,夫荊楚僄勇輕悍,好作亂,乃自古記之
> 矣。

「乃自古記之矣」這句話,顯示了史公歸納的依據,而事實上,〈楚世家〉即有記載,在周夷王之時,熊渠就已有作亂的紀錄了。而《詩·魯頌·閟宮》所謂「荊舒是懲」者,大概是荊舒常為悖亂不馴之事的緣故。

再如〈儒林列傳〉中,史公亦云:

> 夫齊魯之間之於文學,自古以來,其天性也。

這是因為魯為周公之封地,孔子的故鄉,有著周孔教化遺風的緣故。而齊自威、宣之際,集學士於稷門之下,而有所謂的「稷下之學」。流風所被,故好文學,加以累代積習,已成天生之性情。

然而由以上的例子看來,並非絕然是某種環境決定了這樣的風俗民情與人文教化,亦有這樣的人文教化,影響或造就了這樣的環境的可能,二者是互動的,但造環境的英雄畢竟少數,而受環境影響的人總佔多數,且就整個自然界而言,人是後於自然而存在的。這種種的因素,使得史公表現了「環境」決定論,而最近後世的環境,則是人與自然經過長久之相互影響所產生的,一如〈貨殖列傳〉所云:

> 關中自汧、雍以東至河、華,膏壤沃野千里,自虞、夏之貢以為上
> 田,而公劉適邠,大王、王季在岐,文王作豐,武王治鎬,故其民
> 猶有先王之遺風,好稼穡,殖五穀,地重,重為邪。

雖然先王遺風影響著後代的民風,但往前推,則是因為先有了膏壤沃野千里,才造成這樣的先王之風(勤苦開墾種植),其後先王之風,再加上膏壤沃野千里,又造成了一個新的環境。而任何當地人之後代在出生之時,亦早已有了這樣的一個環境,並受其影響。否則,倘使是牧草千里,則先王之風恐怕是逐水草而居,且「地輕」而不重遷徙了。

五、治國安民之道唯在正確決策擇人任才

〈楚元王世家贊〉說:

> 國之將興,必有禎祥,君子用而小人退。國之將亡,賢人隱,亂臣
> 貴。……甚矣,「安危在出令,存亡在所任」,誠哉是言也!

這是史公鑒於楚王戊被削東海郡之後,欲與吳王合謀,起兵造反,其相張尚,

太傅趙夷吾勸之不聽並且被劉戊所殺，吳楚終於起兵而衍成七國之亂，後劉戊兵敗自殺。揆諸歷史，不用忠賢，而導致國家滅亡者，歷代而有，所以史公借此發論。〈世家〉中所謂「安危在出令」一語，也正可反應出鼂錯之欲弱諸侯，「行之不以漸」的猛藥，造成了國家的不安。但景帝的草率決策，也應負一定的責任。

　　幾十年之後的漢武帝，在對匈奴的政策上，用人亦見不當，決策也見草率。當然匈奴的問題是複雜的，而中國自古至漢，對匈奴的戰爭，已經多得難以枚舉，然而對付匈奴的方法卻並無固定的模式，或和親；或防守；或征伐；或突襲。什麼時候，用什麼樣的戰略，也沒有一定之成規可言，但歷代與匈奴間的鬥爭則有勝有敗。漢武帝重用了衛青、霍去病，雖連年征伐，但「建功不深」而所耗過當。史公稽古興敗，參考了各家對匈奴的政策主張及各軍事將領與匈奴實際的接觸經驗之後，〔註 18〕歸納出一個結論，也是認為只有決策的正確與擇任適當的人才，為唯一可以對抗匈奴，安定國家的不二法門。他說：

> 世俗之言匈奴者，患其徼一時之權，而務諂納其說，以便偏指，不參彼己；將率席中國廣大，氣奮，人主因以決策，是以建功不深，堯雖賢，興事業不成，得禹而九州寧。且欲興聖統，唯在擇任將相哉！唯在擇任將相哉！（〈匈奴列傳〉）

由史公的二復「唯在擇任將相」之言，可以看出，史公蓋認為，欲徹底的解決匈奴的問題，恐已拾此莫由了。〔註 19〕

　　〈白起王翦〉列傳中史公也指出「尺有所短，寸有所長」。每一個人各有其長處與短處，沒有人是絕對的能幹與全才。而要補救此一缺點，只好多聽聽他人的意見，而不可專斷獨行。他在〈劉敬叔孫通列傳〉中也說：

> 語曰：「千金之裘，非一狐之腋也；臺榭之榱，非一木之枝也；三代之際，非一士之智也」。信哉！夫高祖起微細，定海內，謀計用兵，可謂盡之矣。然而劉敬脫輓輅一說，建萬世之安，智豈可專耶。

史公以高祖的謀計用兵，可以說已達到了極限，但一個拉車之人對於定都關中的一席話，居然建立了萬世安定的根本，因而深切的體悟到，智慧不是一

〔註 18〕　各家對匈奴有認識及接觸者如李牧、蒙恬、婁敬、季布、馮唐、韓安國、王恢、主父偃、徐樂、嚴安、李廣、衛青、霍去病等。

〔註 19〕　見第二章註 5。

個人所能專有的。至於七十列傳中，所載之功臣名將或謀臣策士，其所以成就其功名，亦無非受到了各個君主之重用，而用了這些人的國家，也因他們而益爲安定，或更加富強。即使是大勢已去，至少也苟延了弱國的生命或緩衝了敗政的衰亡。

六、人貌榮名未必有定然的關係

似乎自先秦以來，人們即有一種根深蒂固的觀念，是即認爲從相貌可以斷定一個人的性情、行事，或其日後發展的成就，而且連聖人亦所不免。〈仲尼弟子列傳〉就記載了這樣的一個例子：

> 澹臺滅明，武城人，字子羽，少孔子三十九歲，狀貌甚惡。欲事孔
> 子，孔子以爲材薄。既已受業，退而修行，行不由徑，非公事不見卿
> 大夫。南游至江，從弟子三百人，設取予去就，名施乎諸侯。孔子
> 聞之，曰：「吾以言取人，失之宰予；以貌取人，失之子羽。」〔註20〕

孔子本也依世俗之「通則」，而認爲子羽不材，但後來發現子羽是「通則」的例外，於是孔子深自惕勵，遂說了「以貌取人，失之子羽」的話。但是發現「例外」，並不代表通則的推翻，畢竟通則仍有某種的準確度。如〈秦始皇本紀〉記載尉繚的一段話說：

> 秦王爲人，蜂準，長目，摯鳥膺，豺聲。少恩而虎狼心，居約易出
> 人下，得志亦輕食人。

而後來秦王之行事也果如此，又如〈陳丞相世家〉所載張負的話說：「人固有美好如陳平而長貧賤者乎？」也代表了對人貌榮名具有關連性的某種肯定。

史公也不例外，也以一般的觀念去想像張良，所以認爲張良一定是個魁梧奇偉的丈夫（否則如何能「運籌筴帷帳之中，決勝千里之外」），但是一旦他發現這種想像是錯誤的，而錯得離譜時，不禁自我揶揄，並引孔子的話來自我解嘲說：蓋孔子曰「以貌取人，失之子羽。」留侯亦云。

然而最令史公印象深刻的，則是郭解之事。〈游俠列傳贊〉云：

> 吾視郭解，狀貌不及中人，言語不足採者，然天下無賢不肖，知與
> 不知，皆慕其名，言俠者引以爲名。諺曰：「人貌榮名，豈有既乎！」
> 於戲，惜哉！

〔註20〕《索隱》按：《家語》「子羽有君子之容，而行不勝其貌」。而上文（國平按：
　　　　指〈仲尼弟子列傳〉）云「滅明狀貌甚惡」，則以子羽形陋也。今此孔子云「以
　　　　貌取人，失之子羽」，與《家語》正相反。

史公曾看過郭解，其體形容貌，都夠不上中等之人，言語也沒什麼可取的地方，但卻得到這麼大的榮名，於是史公確認了人貌跟榮名是沒有一定的關係的。

由史公所引俗諺看來，此一教訓（一貌榮名之無既）在史公之前也已存在。但所謂沒有「一定」的關係，並不表示絕對沒有關係。而就哲學言，否定「通則」的「通則」不具獨立性，故這個「通則」，不能單獨成立。這也是何以人相之學歷代而有，但又不能成為一門正式學問（以今日之語彙而言是合乎科學）的緣故。

除了前述幾點之外，史公於論贊中還提到下列幾點較為鮮明的歷史教訓，因只是單獨的出現，並且沒有類似的教訓可以串通統說，且語意明顯，故不再加以說明，僅列舉如次：

〈晉世家〉云：

> 晉文公，古之所謂明君也，亡居在外十九年，至困約，及即位而行賞，尚忘介子推，況驕主乎。

〈伍子胥列傳〉云：

> 怨毒之於人甚矣哉，王者尚不能行之于臣下，況同列乎？

〈孫子吳起列傳〉云：

> 語曰：「能行之者未必能言，能言之者未必能行。」……吳起說武侯以形勢不如德，然行之於楚，以刻暴少恩亡其軀。悲夫！

〈張釋之馮唐列傳〉云：

> 語曰：「不知其人，視其友」。

〈李將軍列傳〉云：

> 傳曰：「其身正，不令而行，其身不正，雖令不從」。其李將軍之謂也？余睹李將軍悛悛如鄙人，口不能道辭。及死之日，天下知與不知，皆為盡哀。彼其忠實心誠信於士大夫也。諺曰：「桃李不言，下自成蹊」。此言雖小可以諭大也。

綜觀本節所述，可以看出歷史事實之成為教訓，有的是歷史當事人付出了慘痛的代價換來的，有的則是一種觀察的結果，前者可以為某種借鏡，後者則有助我們明瞭歷史而增進知識。

第六章　司馬遷所究的天人之際

「天人之際」一語，源出董仲舒對漢武帝的天人三策的第一策。《漢書·董仲舒傳》記載他的對策說：

> 臣謹案《春秋》之中，視前世已行之事，以觀天人相與之際，甚可畏也。國家將有失道之敗，而天乃先出災害以譴告之，不知自省，又出怪異以警懼之，尚不知變，而傷敗乃至。

按照徐復觀先生的說法，董仲舒所言之天乃理性化的天，所以天人能夠感應，〔註1〕於此而可以言「相與」。但史公既說「亦欲究天人之際」（〈報任少卿書〉），表示天人之關係，乃需要再探究之事，故不可直接言「相與」，而僅說「天人之際」。

有關史公所究的「天人之際」到底如何？前人研究者頗多，其中也不乏對立的意見（見後），但依個人研究的結果發現前人所論，似乎尚未得史公所究之全，因此重新討論此一問題，庶得窺史公所究天人之際的全貌。

第一節　前人探究史公所究天人之際的主要成果與缺失

前人研究史公所究天人之際的結論，大抵可分為三種：一為主張天人相離者，此可以徐復觀先生為代表；〔註2〕一為主張天人合一者，此可以文崇一

〔註1〕 見徐復觀先生，〈論史記·四、史公的史學精神及其作史的目的〉，《兩漢思想史》，卷三（台北：學生書局，民國78年9月），頁324～325。
〔註2〕 黃沛榮先生所編之《史記論文選集》針對史公的思想選了三篇代表作，其中

先生爲代表；〔註3〕一爲主張史公之「天」，有多種意涵者，此可以梁榮茂先生爲代表。〔註4〕此外不少的大陸學者，皆以史公爲無神論者，此亦可歸之於天人相離之一系。

一、徐復觀先生的觀點及其商榷

徐復觀先生在〈論史記〉一文中認爲，天的自身，不一定是理性的。因此對人的行爲不會作出教誡性的反應，而史公「正因爲感到歷史中有一種不能用人的理性加以解釋的力量，給人類歷史以巨大影響，他才稱之爲天」。他指出，史公的〈六國年表序〉，正說明了秦之所謂德義，連魯衛的暴戾都趕不上，則其不仁不義可知，換言之，也就沒有得天下的理由。而險固便，形勢利，也非充足的理由，於是史公只好將秦之得天下歸之於神秘的不可知之天，而謂「蓋若天所助焉」。這正是歷史中不能用人類理性所能解釋的現象，所以「此天即在人類的理性範圍之外，與人沒有可感應的通路」。徐先生又通過〈外戚世家序〉及〈李將軍列傳〉中李廣與望氣王朔燕語之事，提出「史公之所謂天，實有同於命運之命」的論點。最後徐先生還指出，史公之所謂天，更深一層的看，多指的是「大一統的專制皇帝」。

然而不論指無理性的命運之天，或專制黑暗的皇權，都必需從其中解脫出來，以「各從其志」或「從吾所好」，也就是說，史公之究天人之際是「把歷史的理性與非理性的，必然的，偶然的，劃分一個大界線」，自己也從歷史現象的混亂中走出。

按：前述徐復觀先生闡釋史公所究的「天人之際」，其說自有其道理，但他對史公於〈天官書〉中所載有關天人相應之事，如：

> 漢之興，五星聚于東井。平城之圍，月暈參、畢七重。諸呂作亂，日蝕，畫晦。吳楚七國叛逆，慧星數丈，天狗過梁野；及兵起，遂伏尸流血其下。元光、元狩，蚩尤之旗再見，長則半天。其後京師

有兩篇與史公的天人思想有關，其一即從徐復觀先生之〈論史記（見註1）〉一文中節錄而來，題名爲〈太史公的思想背景及其史學精神〉。收於該論文集（台北：長安出版社，民國78年9月），頁11～34。

〔註3〕見同註2。另一篇與史公天人思想有關的，即是文崇一先生之〈論司馬遷的思想〉，收於該論文集，頁35～64。

〔註4〕見梁容茂先生，〈董仲舒「天人感應」與司馬遷的「天道觀」之比較研究〉，《漢代文學與思想學術研討會論文集》（台北：國立政治大學中文所系主編，民國80年10月）。

> 師四出，誅夷狄者數十年，而伐胡尤甚，越之亡，熒惑守斗；朝鮮
> 之拔，星茀于河戍；兵征大宛，星茀招搖。

等天上人間相應之事，皆未有所說明，對史公所提之結論「由是觀之，未有
不先形見而應隨之者也」亦無所反應。而知史公於〈自序〉中，總序〈八書〉
時所言「禮樂損益，律曆改易，兵權山川鬼神，天人之際，承敝通變，作〈八
書〉，其中所提及之「天人之際」正指〈天官書〉而言。乃徐復觀先生於此全
未作交待，這顯出徐先生有斷取或逃避之偏，自然地，也就不能全面的掌握
史公所究的天人之際到底是如何了。

二、文崇一先生的觀點及其商榷

文崇一先生在〈論司馬遷的思想〉一文中，其第一個小標題，即是「天
人合一的天道觀」，可見他的看法與徐復觀先生之觀點恰恰相反。文崇一先
生認為，在太史公看來，天人雖是兩個不同的個體，但在精神上總是一致的，
而宇宙間任何事物要成功，就必需取得天與人的協調。故史公把天與地作一
個對等的看法，天的代表是神，地的代表是人。因此，如果天上發生什麼變
化，人事也必然要跟著變，否則會出亂子。文崇一先生並以為一個執政者掌
握了天運的變化（〈天官書〉說：「夫天運三十歲一小變，百年中變，五百載
大變。三大變一紀，三紀而大備，此其大數也。為國者必貴三、五，上下各
千歲，然後天人之際續備。」），便是了解天意，然後天與人的聲氣便溝通了，
這即是懂得天人之「際」。「懂得天官，了解天運，再去治理人事，沒有不恰
到好處，因為世界上的事『未有不先形（天）見而應隨之者也』」，「天上地
下完全是一個道理」。「天上的每一種變化都象徵著人間有某些相應的事故發
生」。

文先生又認為「司馬遷對天的信心表現得特別強烈」。至於司馬遷在〈伯
夷列傳〉中所說的『倘所謂天，是邪？非邪？』「只是一種懷疑，並不足以動
搖司馬遷的天道觀。司馬遷對宇宙的看法永遠是肯定的」，他總覺得人和天在
行動及思想上都該打成一片，「如果違反此一原則，結局是得不償失的」。「他
（史公）到處表示，秦的能夠統一海內，完全是天意，秦不過順著天意走了
一大段路而已」。總之，司馬遷是「把宇宙安放在一個軌道上，人只要跟著軌
道轉，絕不會錯」。

按：文崇一先生從〈天官書〉的觀點立論，出發點是對的，但依文先生

的說法，人是必需要知道三、五，並且也要知道天意、天命，才能與之相合相應，但問題是天意、天命如果可知，則歷史的未來走向即已命定。於是人的立足點何在？人生在歷史中的定位又是如何？又安能「各從其志」，「從吾所好」？這些便都成了問題。〔註5〕

三、梁容茂先生的觀點及其商榷

在〈董仲舒「天人感應」與司馬遷的「天道觀」之比較研究〉一文中梁容茂先生將史公所提及之天，歸納為人格天，自然之天及命運之天三大類。就《史記》中出現之人格天言，他認為是因為「司馬遷對於古代傳說中的神話人物的迷信色彩，未能完全摒棄」的緣故，就自然之天言，他認為在「一定程度上，他（史公）仍保有天人感應的說法。」因此在《史記》中，仍可見到許多星象、災異與人事相應的情形。他舉〈天官書〉的例子來支持其論點，最後說：「謂司馬遷不言災異感應，是不確的。」就命運之天言，他認為史公「天命或命運的觀點必然仍是存在，但許多事是不可歸於天意、天命」的。而在「殘酷的社會現實與所謂『天道獎善懲惡』的說法造成尖銳的矛盾，使司馬遷懷疑天道的存在」後，卻找到人生的方向──「從吾所好」。此外，他認為史公之天亦指歷史發展的趨勢而言。最後並總結的認為「司馬遷處處強調人的意志及其主觀的動能性，而不可把命運交給不可知的天道來支配，這是他與董生『天人感應』思想的最大不同處。」

按：梁榮茂先生之說，已大致能得史公所究天人之際之要。唯梁先生亦未能對史公何以既有天人感應之思想，又有天命、命運之思想，乃至懷疑天道之存在等，作「系統」的交待而對這種思想的並立不悖加以說明。而個人以為更積極的之作法則應探討，從史公所究天人之際而來的「各從其志」，如何會落實在盡人事之處，才足以全方位展現史公所究的天人之際（不過梁先生限於題目之旨，或不便對此問題加以明示亦未可知）。

〔註5〕例如依太史公的後見之明，秦之統一天下是一種趨勢（文崇一先生認為司馬遷以為這是天意或天命），所以以史公在〈魏世家〉說：「天方令秦平海內，其業未成，魏雖得阿衡之佐，曷益乎？」，問題是六國尚未戰敗之前，有誰知道秦要統一天下，何況秦之仁義尚不及魯衛之暴戾者，如果早知道秦要統一天下，則韓、趙、魏、楚、燕、齊六國是否應當放棄與秦之對抗而投降，即成問題，筆者之舉此例不過為說明文先生不當之解釋，可能會引起更多無法解答的問題。

第二節　司馬遷所究天人之際的起點──〈天官書〉

一、天人之際的意義

　　天的意義，後面將有所陳述，人的意義不用再解釋，至於「際」的意義，徐復觀先生已經解釋得很清楚了。他說：

　　　　《說文》十四下「際，壁會也」，王筠《句讀》謂「版築相交之處也」。
　　　　《小爾雅·廣話》「際，界也」，按相交之處，即兩者相會之處，故
　　　　際有「會」義，又有「合」義。「牆相交之處，必有縫焉」，以成兩
　　　　者分界之處，故際又有「界」義，亦有隙義。際的「會」與「界」
　　　　二義，相因而成。〔註6〕

《史記》中提到「際」字的有多處，此舉四處為說。〔註7〕一為〈自序〉所說的「兵權山川鬼神，天人之際」；一為〈司馬相如列傳〉所提到的「天人之際已交」；一為〈外戚世家〉提到的「夫婦之際，人道之大倫也」；一為〈儒林列傳〉公孫弘等所說：「臣謹案詔書律令下者，明於天人分際，通古今之義」。就前二者而言，「際」的可能意義，即如徐復觀先生所論。而「天人分際」的「際」，既已言分，則「際」有合義。至於夫婦之際，則必須相愛、相親、相合，而後有美滿和樂之家庭，有瓜瓞縣延之子孫。但亦需有分寸，有界線，有分別，而後始克言禮教倫常。而不論是夫婦之相處或是兩壁及版築相會相交之處，其某種「關係」總是存在的，故而際亦可通解為關係。如此言天人之際，即是說天人的關係，而這個關係可以是密接相應的，也可以是疏離不感的。

二、司馬遷所究天人之際的出發點

　　〈太史公自序〉在總序〈八書〉時說：

　　　　禮樂損益，律曆改易，兵權山川鬼神，天人之際，承敝通變，作〈八
　　　　書〉。按禮樂損益指的是〈禮書〉與〈樂書〉；律曆改易，指的是〈曆
　　　　書〉；兵權指的是〈兵書〉；〔註8〕山川指的是〈河渠書〉；鬼神指的

是〈封禪書〉；承敝通變，指的是〈平準書〉。〔註 9〕剩下的天人之際，指的自然是〈天官書〉了，而細察其內容亦與天人之際相符。

可見欲探討史公所言之天人之際，自該從〈天官書〉始。

三、從〈天官書〉看史公所究的天人之際

史公〈報任少卿書〉云：「僕之先，非有剖符丹書之功，文史星曆，近乎卜祝之間」。可見史公的家學包括了天文、瑞應災異，〔註 10〕星象及曆法等，而卜的目的是預測，祝的目的是祈求。這卜與祝之根據則是從天文、瑞應災異、星象、曆法等所累積的知識與經驗。

史公累代家學，除曆法已著於〈曆書〉外，其餘天文瑞應災異星象之學則展現於〈天官書〉，而〈天官書〉表現天人之際者，有兩點可說：其一，就人類生存的大環境與人之關係言，日月星辰之運行及山川地理形勢等皆影響著氣候、物產及人類的作息甚至生活方式。因此，人需要配合著宇宙的某種律則（例如春耕、夏耘、秋收、冬藏），才能求生存。於此而言天人之際，是一種天人合一的關係，此乃無庸置疑者。此外，一些自然現象的歸納，亦為人類長久以來對生存環境觀察的結果，如〈天官書〉所云：

> 故北夷之氣如群畜穹閭，南夷之氣類舟船幡旗。大水處，敗軍場，破國之虛，下有積錢，金寶之上，皆有氣，不可不察。海旁蜄氣象樓臺；廣野氣成宮闕然。雲氣各象其山川人民所聚積。

即與今日所言「海市蜃樓」及「漠野宮闕」等相去不遠。史公於此等狀況，乃歸納出「雲氣各象其山川人民所聚積」，於此亦可言「天人相應」，「天人合一」。

其二，就天象與人事互動之關係言，史公認為這是可加以考察而找出某種律則的。史公說：

> 夫天運三十歲一小變，百年中變，五百載大變，三大變一紀，三紀而大備，此其大數也。為國者必貴三、五。上下各千歲，然後「天人之際」續備。

史公以為四千五百年為天運的一個大周期，當政者要考察前後各一千年的變

集》（台北：南書局，民國 67 年 1 月），頁 55～146。

〔註 9〕〈自序〉云：「作〈平準書〉以觀事變」。

〔註10〕據《太平御覽》，卷二三五〈職官部〉引應邵曰：「太史令秩六百石，掌天時星曆凡歲奏新年曆，凡國祭祀喪取之事奏良日，國有瑞應災異記之。」

化，然後才能使天人關係的「系統知識」逐漸完備。

但是幽厲以往，太過久遠，「所見天變，皆國殊窟穴，家占物怪，以合時應」，所以其文書圖籍所載的吉凶禨祥，不可做為法則。而「春秋二百四十二年之間，日蝕三十六，慧星三見，宋襄公時的星隕如雨」也只能大略的說明「天子微，諸侯力征，五伯代興，更為主命。自是之後，眾暴寡，大并小……田氏篡齊，三家分晉，並為戰國。爭於攻取，兵革更起，城邑數屠」等紛亂的局面，而諸侯更相強盛之時所出現的災異，也沒有什麼值得記錄的。〔註11〕

然而從秦始皇開始，到漢武帝兵征大宛的百餘年中，所有發生的大事，倒是都可與某種天變相應。史公說：

> 秦始皇之時，十五年慧星四見，久者八十日，長或竟天。其後秦遂以兵滅六王，并中國，外攘四夷，死人如亂麻，因以張楚並起，三十年之閒兵相駢藉，不可勝數。自蚩尤以來，未嘗若斯也。
>
> 項羽救鉅鹿，枉矢西流，山東遂合從諸侯，西坑秦人，誅屠咸陽。漢之興，五星聚於東井。平城之圍，月暈參、畢七重。諸呂作亂，日蝕，晝晦。吳楚七國叛逆，慧星數丈，天狗過梁野；及兵起，遂伏尸流血其下。元光元狩，蚩尤之旗再見，長則半天。其後京師師四出，誅夷狄者數十年，而伐胡尤甚。越之亡，熒惑守斗；朝鮮之拔，星茀于河戌；兵征大宛，星茀招搖：此其犖犖大者。

於是史公下結論說：「由是觀之，未有不先形見而應隨之者也。」

天變發生了，人事上必有重大的變化，這是人事對天象的呼應。那人事行為的改變，天是否亦有所回應呢？史公說：

> 日變（蝕）脩德，月變省刑，星變結和，凡天變過度乃占……太上脩德，其次脩政，其次脩救（補過也），其次脩禳，正下無之。

史公的話肯定了為政者對救天變的一些作為。

最後史公總結的說：

> 夫常星之變希見，而三光之占亟用。日月暈適，雲風，此天之客氣，甚發見亦有大運。然其與政事俯仰，最近天人之符，此五者（按指日暈、月暈、星悖、起雲、刮風等五氣），天之感動，為天數者，必通三五。終始古今，深觀時變，察其精粗，則天官備矣。

〔註11〕本段敘述本〈天官書〉。

這段話說明了兩件事。第一，說明了史公認定日、月、星、雲、風五種天象的變動與人間政事之興衰，是相應契合的。第二，說明了一個研究天數的人，想要建立天人關係的系統學問，所應注意的事項。就前者而言，可見史公是主張天人可以相感應的。就後者而言史公身為太史令，又承繼著文史星曆的家學，自應該整理這門學問，所以〈自序〉說明做〈天官書〉的意旨是：

> 星氣之書，多雜譏祥，不經，推其文，考其應，不殊。比集論其行
> 事，驗于軌度以次，作〈天官書〉第五。

而由這一段話深入的看，我們更可發現，這一切，不過是史公在整理前人有關天官的知識，而把它當作是一門學問來探究而已，並且所錄的，都是驗於軌度的，換言之，不驗的已被史公所棄去不取。

第三節　司馬遷所究天人關係之擴大及其天人思想的轉變與紛歧

一、司馬遷所究天人關係之擴大及對傳統天人思想的懷疑

史公在〈報任少卿書〉說：「僕⋯⋯為⋯⋯百三十篇，亦欲以究天人之際⋯⋯」，顯示出天人之關係，必需擴大來探究，而不僅僅是以〈天官書〉為限，才合乎史公之原意。

從傳統的德報觀念及當時流行的天人感應之說出發，則天對人的行善修德，應有理性的反應，如老子所說的「天道無親，常與善人」才是。然而史公卻在歷史中發現許多的反例，因此而對天的理性有了懷疑（天人能夠相感應的前提是天必需是理性的）。他說：

> 或曰：「天道無親，常與善人。」若伯夷、叔齊，可謂善人者非邪？
> 積仁絜行如此而餓死！且七十子之徒，仲尼獨薦顏淵為好學。然回
> 也屢空，糟糠不厭，而卒蚤夭。天之施報善人，其何如哉？盜蹠日
> 殺不辜，肝人之肉，暴戾恣睢，聚黨數千人橫行天下，竟以壽終。
> 是遵何德哉？此其尤大彰明較著者也，若至近世，操行不軌，專犯
> 忌諱，而終身逸樂，富厚累世不絕。或擇地而蹈之，時然後出言，
> 行不由徑，非公正不發憤，而遇禍災者，不可勝數也。余甚惑焉，
> 儻所謂天道，是邪非邪？（〈伯夷列傳〉）（由最後三句看來，史公原
> 來所相信的，即是「天道無親，常與善人」的傳統天道觀）

不僅如此，連史公自身在別無居心，一心只想爲心目中的國士李陵說一句公道話的情況下，竟遭受到腐刑的待遇，則天更是無道（反理性）可言了。

不過這畢竟是個人的小事，或許不足以動搖天道，或許天道玄遠，偶而遺漏了區區一個小生命。如果就此否定天之有「道」，則一種宗教性的道德依據，就要破滅。此關乎史公對天的終極觀念，故史公於此尚未必逕行否定天之理性及其與人的相應關係，而只是對之懷疑而已。如果要澄清天人關係的究竟，則須於廣泛的歷史時空中做更具代表性的抽樣檢驗，以爲最後判斷之準據。

二、司馬遷天人思想的轉變與紛歧

前已言之，個人的修德行善，有無善報，對於整個歷史而言，確實是小事。但如果將一統天下這樣的大事，放在天人的關係中去檢驗，則無疑是極具代表性的。因爲這關連著無數人的幸福與苦難。但不幸的是，天仍舊表現了反理性的行爲。史公說：

> 論秦之德義不如魯衛之暴戾者，量秦之兵不如三晉之彊也，然卒并天下，非必險固便，形勢利也，蓋若天所助焉。（〈六國年表〉）

至於劉邦的統一天下，也有類似的情況，在史公看來，統一天下，或以德，或以力，總是十分不容易的事，但劉邦本身既未「積善累功數十年」，其祖先也未「修仁行義十餘世」，更未如秦之「蠶食六國，百有餘載」，可謂既無積德，亦無用力，但卻統一了天下，這種狀況無法以歷史的常理去解釋，所以史公直呼「豈非天哉？豈非天哉？」（〈秦楚之際月表〉）

按秦始皇與劉邦一統天下這兩件大事，史公指出——好像是老天的幫助及天意如此。表面上看來，天人仍有關係可言，但基於傳統的道德判斷，史公認定天應該幫助有德的人及努力的人，如今卻幫了那不該幫的人。這樣的天，已非史公及人類理性所能理解及想像的理性之天，而是不可理喻，完全背理，無法感通的天。於此而言天人之「際」，自是天人相離的。

但是，如果就天與人事之必有關係言，〔註12〕此天可以背理，也可以循理，因此某些「應然」之事，偶而也會實現（否則豈有歷史），然此實現，並不就表示天是理性的。因爲非理性並非絕對全然的背「理」，只是不能「一直」、「完全」的依理而行。也就是因這樣，人世間之應然，才會有實現的可能，

〔註12〕如果天人無關係可言，則天人自是相離的，也就不用再探討這個問題了。

也有不實現的可能。史公對於這種非理性的天，有時稱之爲命。例如〈外戚世家〉說：

> 人能弘道，無如命何，甚哉，妃匹之愛，君不能得之於臣，父不能得之於子，況卑下乎！既驩合矣，或不能成子姓，能成子姓矣；或不能要其終，豈非命也哉！孔子罕稱命，蓋難言之也，非通幽明之變，惡能識於性命哉？

「豈非命也哉」一句，道盡了人對命運無可插手、無可著力、無可奈何的感概。而這一切都緣於命的非理性所能理解與掌握，故連夫子亦罕言，不用說，這也表現了史公天人相離的思想。

又〈李將軍列傳〉記載李廣與望氣者王朔閒談自己未能封侯之事而問王朔說：

> 自漢擊匈奴而廣未嘗不在其中，而諸部校尉以下，才能不及中人，然以擊胡軍功取侯者數十人，而廣不爲後人，然無尺寸之功以得封邑者，何也？豈吾相不當侯邪？且固命也？」

話雖是李廣問的，但由史公特爲李廣立傳及史公「于序事中寓論斷」〔註13〕之例看來，實爲史公之替李廣問「難道是我的相貌不當封侯嗎？還是命運就是這樣呢？」如果是命運就是這樣，則這個命運之非理性已如前述。如果是如王朔所說的原因：「禍莫大於殺已降，此乃將軍所以不得侯者也。」則這個天看起來仍是理性的，因爲他已給了李廣一個果報，但這個果報是否適當即成問題，如果不適當（依〈李將軍列傳贊〉看來確不適當），則此天應爲理性不徹底的天。

從上面的分析看來，天或是理性的（此爲歷史德報觀念之傳統以及天官學經驗之累積），或是反理性的，或是非理性的，或是理性不徹底的。就天是理性的而言，可以說「天人感應」，就天是反理性的、非理性的而言，可以言「天人相離」，就天是理性不徹底的而言，可以言「天人不定」（關係上的不確定）。

此外史公之天如果指的是歷史的某種趨勢，如〈晉世家〉載楚成王之言：「晉侯亡在外十九年，困日久矣，果得反國，險阨盡知之，能用其民，天之所開，不可當」；〈鄭世家〉載伯宗諫晉君曰：「天方開楚，未可伐也」；〈魏世家〉云：「天方令秦平海內，其業未成，魏雖得何衡之佐曷益乎？」則必須認

〔註13〕見顧炎武，《日知錄》，卷二十六〈史記於序事中寓論斷條〉。

清歷史之趨勢而應之以變，此固不待論者。

三、司馬遷紛歧之天人思想所以能夠並立之理由

　　雖然天人感應在〈天官書〉中能夠成立，且在其他篇章亦有時而驗，如〈宋微子世家〉載：

> （宋景公）三十七年……熒惑守心。心，宋之分野也。公憂之。司
> 星子韋曰：「可移於相。」景公曰：「相，吾之股肱。」曰：「可移於
> 民。」景公曰「君者待民。」曰「可移於歲。」景公曰：「歲饑民困，
> 吾誰爲君！」子韋曰：「天高聽卑。君有君人之言三，熒惑宜有動。」
> 於是侯之，果徙三度。

但史公之終極思想，仍不以此爲至，此可於幾方面見之。首先，他的老師董仲舒在《史記》中並無專傳，只附在儒林列傳之末，按董仲舒以天人三策，獲得重用，爲當時「以春秋災異之變推陰陽所以錯行」〔註14〕的大儒，但到最後史公卻說他「於是董仲舒竟不敢復言災異」。其二他得自孔子者爲獨深，如他在〈楚世家〉記載楚昭王不聽太史之卜及請禱，孔子聽到了說：「楚昭王通大道矣，其不失國，宜哉。」此爲特載，故可知史公之不迷卜、禱，而突顯人文之精神。又如〈孔子世家〉載：

> 孔子在陳蔡之間……不得行，絕糧……子路慍見……子貢色作。……
> 孔子知弟子有慍心，乃召子路而問曰：「詩云『匪兕匪虎，率彼曠野』。
> 吾道非邪？吾何爲於此？」……孔子曰：「有是乎！譬使仁者而必
> 信，安有伯夷、叔齊？使知者而必行，安有王子比干？」

其後孔子又以同樣的問題問顏回？顏回說：

> 夫子之道至大，故天下莫能容。雖然，夫子推而行之，不容何病，
> 不容然後見君子，夫道之不備也，是吾醜也。夫道既已大備而不用，
> 是有國者之醜也。不容何病，不然後見君子！」

結果是「孔子欣然而笑曰：『有是哉顏氏之子！使爾多財，吾爲爾宰』。」由這段話可以看出孔子的盡其在我，成事在天，史公既欲究天人之際又極度推崇孔子，於此必有留意。其三，如前所述，史公自身於歷史中發現許多例子及事證，使他認爲天之理性是可疑的，天人並無感通可言。凡此種種，皆可見史公之觀念，乃以凸顯人文精神，偏向於天人相離之思想爲主。然而爲何

〔註14〕《史記・儒林列傳》及《漢書・董仲舒傳》皆如此說。

史公仍保留〈天官書〉中天人感應之思想，甚至還說：「由是觀之，未有不先形見而應隨之者也。」以及「然其（指三光五氣）與政事俯仰，最近天人之符」呢？此有數點可說：

第一、天官爲史公家學，且與當代顯學──天人感應災異符瑞之說有密切之關聯，保存下來，自有其家庭與時代的背景。

第二、〈天官書〉只作爲一門學問來研究，而天人之際的續備，需歷時四千五百年，所以必需留存，以待後之來者。

第三、作爲最後研究天人之際的基準而言，所有的材料都必需保留下來，以便全面的檢討，而後才能客觀的得出結論。

第四、留存以供作後人行事之參考，或有其價值。

以上係就〈天官書〉資料的保留言，如就哲學的觀點剖析兩種對立思想同時存在之依據，則是因爲天有時顯示出其理性的一面（如〈宋微子世家〉所載之熒惑之動）有時顯示出其反理性的一面（如秦及劉邦之統一天下）；有時顯示出其非理性的一面（如〈外戚世家〉所言之人能弘道，無如命何）；有時又顯出其理性不確定之一面（如以李廣之軍功爲人，只爲殺降，而予以不侯之報）。此四者，各自有其實現的領域，在此領域內當可各自建立其通則，故相對立的思想乃可並存於《史記》之中。例如，史公所作之〈天官書〉，其中所載天人相應之事，即是史公「比集論其行事，驗於軌度以次（〈太史公自序〉）的結果，不驗的，都已被排除。換言之，〈天官書〉之例子，都在「驗」的集合中，而「驗」的集合自可涵蓋〈天官書〉中所有的例子，於是在這領域內「天人相應」的通則就成立了。反之不驗的事，亦有一集合，亦成一通則，是即天人無相應之事。一如命相，有準確之領域而成命相學；有不準的領域，於是有不信之人，此二者各成領域，各自在其領域成立其相應與不相應的通則。但這些通則終究是互爲否定的，故看似可以成立，實乃不可以成立者，而史公既然已深入的探究此一問題，終究只有走出天人關係的糾纏而向人文的路途邁進，才是找尋人生及歷史出路的不二法門。

第四節　走出天人之際的糾纏落實人生於盡人事之處

一、天人糾纏的理清與人生路途的確立

既然一般觀念中及道德判斷下之「天道無親，常與善人」的通則已然不

能成立，天人的關係又有其複雜性、多樣性與不確定性，則人應如何自處，即成爲問題，而史公在〈伯夷列傳〉中也提出了他的答案，他說：

> 子曰：「道不同不相爲謀」，亦各從其志也。故曰：「富貴如可求，雖
> 執鞭之士，吾亦爲之。如不可求，從吾所好」。〔註15〕「歲寒，然後
> 知松柏之後凋」。〔註16〕舉世混濁，清士乃見。

史公引夫子「道不同不相爲謀」之語，而言「各從其志」，表示從天道，或從人道，惟人自擇，但史公又以夫子的並非厭惡富貴，以其在天，不可求，故從其所好，以喻天道既然難憑，則就該認清天道的本質，而後從各人的所好。從這裏史公才眞正的走出天人的糾纏，劃斷了天命與人事的牽連，而積極的向「道途」邁進。他以孔子「歲寒，然後知松柏之後凋」自勉，並說「舉世混濁，清士乃見」。可見在濁世中「守身不苟」仍爲太史公所堅持之原則，這與他獨爲李陵辯護的一貫行事風格也是相通的。

　　除了守身不苟之外，他還認爲君子的立名是非常重要的。〈伯夷列傳〉說：

> 「君子疾沒世而名不稱焉。」……伯夷、叔齊雖賢，得夫子而名益
> 彰，顏淵雖篤學，附驥尾而行益顯。巖穴之士，趣舍有時若此，類
> 名堙滅而不稱，悲夫！閭巷之人，欲砥行立名者，非附青雲之士，
> 惡能施於後世哉？

因此他不僅要透過著述替自己立名，更感覺到論戴砥行立名的閭巷之人，是史官之職責所在，所以欲自比於孔子及青雲之士的推引閭巷砥行立名之人，爲他們立傳，以伸張人間的正義。蓋史公所處的社會，是一個公理正義泯滅、是非善惡不分的灰暗世界，所以他在〈悲士不遇賦〉說：

> 悲夫！士生之不辰，愧顧影而獨存；恆克己而復禮，懼志行而無聞。
> 諒才韙而世戾，將逮死而長勤。雖有形而不彰，徒有能而不陳，何
> 窮達之易惑，信美惡之難分。時悠悠而蕩蕩，將遂屈而不伸。……
> 天道微哉，吁嗟闊兮，人理顯然，相傾奪兮。

天道的幽微與人理的傾奪，使得天理人道全部泯滅無憑。因而史公必須重建人間的正義，這也是他所以隱忍苟活，而欲「繼續」完成《史記》的原因所在。

〔註15〕語見《論語·述而篇》。
〔註16〕語見《論語·子罕篇》。

〈自序〉所云：

> 夫《詩、書》隱約者，欲遂其志之思也。昔西伯拘羑里，演《周易》；
> 孔子戹陳蔡，作《春秋》；屈原放逐，著《離騷》；左丘失明，厥有
> 《國語》；孫子臏腳，而論兵法；不韋遷蜀，世傳《呂覽》；韓非囚
> 秦，《說難、孤憤》；《詩》三百篇，大抵聖賢發憤之所爲作也。此人
> 皆意有所鬱結，不得通其道也，故述往事，思來者。

這段話不但是史公自身最好的寫照，而且也是前賢在天命所造成的客觀限制
下，就人事之所能盡處，所作的努力，換言之，環境或許是命定的，但在這
樣的環境中如何自處則是自由的，如果就此屈服於天命之所限制，而歸於一
切的順其自然，則人生終將無法定位，也失去著力之處，這便非人文精神之
表現，必在人事盡處聽天命，才能眞正的走出人文的路子。史公既已究天人
之際，對於自身之受腐刑，自可能歸之於命，至於其著《史記》，當亦曾思考
其是否也是一種命中注定，如果認爲其著史也是一種命定之舉，則史公之著
史，即失去意義，如此終必歸之於放棄著史，乃史公必認爲這絕不是一種命
定之舉，而是自由自發自覺的行爲，其著史乃有意義可言。故史公的選擇不
死，隱忍苟活的完成《史記》，藏之名山，副在京師，則見人事之已盡，而「俟
後世聖人君子」則見天命之聽，這正是於人事盡處才聽天命的做法。

二、落實人生於盡人事之處如何可能

前述之立名是一種泛稱，其中應包括立德、立功、立言（著作之傳世）、
立業（事業財富之成就）等，因爲這四者才是立名之前提，換言之立德、立
功、立言、立業四者爲人生在歷史上的價值所在，然而落實人生於盡人事之
處以成就這個價值如何可能？這點史公雖未曾有明確的交待，但透過《史記》
卻也可以找到三點依據，而這三點依據，又有著層次上的不同。

第一個層次的依據是自覺，史公的父親在發憤且卒時，拉著他的手說：

> 余先周室之太史也。自上世嘗顯功名於虞夏……余死，汝必爲太
> 史，爲太史，無忘吾所欲論著矣。且夫孝始於事親，中於事君，終
> 於立身，揚名於後世，此孝之大者。夫天下稱誦周公，言其能論歌
> 文武之德，宣周召之風，達大王王季之思慮，爰及公劉，以尊后稷
> 也……今漢興，海內一統，明主賢君忠臣死義之士，余爲太史而弗
> 論載，廢天下之史文，余甚懼焉，汝其念哉！（〈自序〉）

這種以自己須負起作史的責任及揚名後世，以顯父母的自覺，交待於史公，

無疑對史公作史及《史記》中有〈太史公自序〉之篇是有極大影響的。而史公亦自覺這是他的責任，他說：

> 太史公曰：「先人有言：『自周公卒五百歲而有孔子。孔子卒後至於今五百歲，有能紹明世，正《易傳》，繼《春秋》，本《詩、書、禮、樂》之際？』意在斯乎！意在斯乎！小子何敢讓焉。」（〈自序〉）

這種自覺是一種歷史的使命感，就像孔子「閔王路廢而邪道興，於是論次《詩、書》，修起禮樂」（〈儒林列傳〉）；「知言之不用，道之不行，（於是）是非二百四十二年之中，以為天下儀表，貶天子，退諸侯，討大夫，以達王事（〈儒林列傳〉）」一樣。不過這是一個很高的層次，並非人人皆能於此自覺下盡其人事。

第二個層次的依據是刺激，人受到刺激之後，有時反而興起奮鬥之心，於此而有盡人事以成就自己的可能，如〈蘇秦列傳〉中，史公載蘇秦之言說：

> 使我有雒陽負郭之田二頃，吾豈能佩六國相印乎？

可見刺激對人的重要性，而安逸的環境則未能提供刺激。〈平原君虞卿列傳〉亦云：

> 然虞卿非窮愁，亦不能著書以自見於後世云。

〈孫子吳起列傳〉亦載吳起游不遂而破其家，鄉人笑他，他乃與母親「齧臂而盟」說：「起不為卿相，不復入衛」。吳起之終為世名將，也是受到刺激的緣故。當然，最明顯的例子就是史公自身的受到李陵案之刺激，而「卒述」陶唐以來。尤可論者，這個刺激使史公發現先哲之所以「述往事，思來者」，原來就是受到刺激的緣故。不過刺激的環境，並非人人所得有，然遇到的人，往往受到很深的感動。所以，因此而成就人生價值於歷史者，卻史所多見。

第三個層次的依據是人性，這個依據是具有普遍性的，人性之欲安全，於是盡力於富厚的追求；人性之欲顯已，於是盡力於榮名之追求，而前者的追求尤其根本，甚至為後者之最終目的，所以史公說：「天下熙熙，皆為利來，天下攘攘，皆為利往。」〔註17〕「富者人之情性，所不學而俱欲者也。」又說：「守信死節，隱居巖穴之士設為高名者安歸乎，歸於富厚也。」不但人性的欲求，使得人會去盡人事，而且史公說：「富無經業，人無常主，能者輻湊，

〔註17〕以下引文皆見〈貨殖列傳〉。

不肖者瓦解。」更保證了努力的可能成功，而成功者的結果則是「千金之家比一都之君，巨萬者乃與王者同樂」，所以史公稱之為「素封」，而這在史公眼中，也算是一種人生價值之成就。故也為他們立傳，至於以權勢榮名為盡力追求之目標者，實亦人性之一種欲求，而這種欲求多為基本的生活條件滿足之後的行動。總之，不論是那一層次的根據，都有可能落實人生於盡人事之處，至於人事已盡之後，雖亦可言聽天命，但事實上，聽不聽天命已經不重要了。

第七章 司馬遷所通的古今之變

第一節 司馬遷通古今之變的目的與方法

從純邏輯的觀點去分析「沒有什麼東西是不變的」這句話，自然是不能成立的。〔註1〕但如果把這句話的自身，視爲唯一的例外，則這一句話，似乎又適用於宇宙中的一切事物。因從古至今，我們沒有發現什麼事物是「真正」永恆的。

中國在很早以前，就有「變的觀念」。例如有關時序的變化，屈原就說過：「日月忽其不淹兮，春與秋其代序」；「時繽紛其變易兮，又何可以淹留」。〔註2〕至於人事的變遷，春秋時的史墨即曾對趙簡子說過：

> 社稷無常奉，君臣無常位，自古以然，故《詩》曰：「高岸爲谷，深
> 谷爲陵。」三后之姓，於今爲庶，主所知也。〔註3〕

不但如此，先賢尚且在日常的生活中，體會到「變」的基本原理，是即《易，繫辭下》所謂之「窮則變，變則通，通則久。」不過說到要貫通歷史，以明瞭古今變化之總原理的，司馬遷實爲國史上之第一人。然而他所貫通的古今變化之理，究竟如何，並未曾明確的指出來，因此有加以探討的必要。

〔註1〕 邏輯上「沒有什麼東西（事情）是不變的」，這句話之所以不能成立，是因爲：
（一）如果這句話是假的，則就「有什麼東西是不變的」，因此「沒有什麼東西是不變的」這句話不能成立。（二）如果這句話是真的，則存在有一樣東西（即這句話的本身）是永恆的真，這二者矛盾，故這句話仍不能成立。

〔註2〕 見屈原，〈離騷經〉（朱熹集注本《楚辭》）。

〔註3〕 《左傳》昭公三十二年。

一、司馬遷通古今之變的目的

史公通古今之變的目的有二。第一，就人類之生活與行動言，自然是以史爲鑑。也就是藉過去瞭解現在並指導現在，以爲最正確的判斷以及選擇正確的作法。但是，如果不從歷史上學取古人的經驗，則一切需從頭摸索，則成功自是較爲困難的，如果有前事可師，則成功無疑是較爲容易的。〈秦本紀〉中記載，群臣爭議是否以諸侯爲郡縣時，淳于越說：「事不師古而能長久者，非所聞也。」而李斯則說：「五帝不相復，三代不相襲，各以治，非其相反，時變異也。……三代之事，何足法也。」基本上這二人的看法皆沒有錯，淳于越從教訓的觀點而言師古；李斯從變化的觀點，反對師古，而史公則折衷二者，言師法不泥古而講權宜。而他所引賈誼之〈過秦論〉，其中即有野諺云：「前事之不忘，後世之師也。」師，即可以做爲指導、師法、借鏡之意。他批評項羽「奮其私智而不師古……五年卒亡其國，過矣。」也是以古爲鏡，效法古人的做法之意。但以史爲鑑，以古爲鏡，並非復古，所以史公認爲今世的做法，不必與古代完全相同。只要是能使事情成功的，就可以作爲借鏡。而作爲借鏡的也不必一定要古代的舊聞，近世的成敗得失，也同樣地可以做爲行事的參考依據。他說：

> 居今之世，志古之道，所以自鏡也，未必盡同。帝王者各殊禮而異務，要以成功爲統紀，豈可緄乎？觀所以得尊寵及所以廢辱，亦當世得失之林也，何必舊聞？（〈高祖功臣侯者年表〉）

換言之，不但要以古爲鏡，也要以今爲鏡，但不論如何，「所以自鏡」總是史公通古今之變的第一個目的。

第二，就著述歷史而言，通古今之變的目的，是爲了藉著現在瞭解過去，歷史不斷的在演進著，但這個演變之所以能爲吾人瞭解，乃在於其變化是漸變而不是突變的。〈自序〉就說：「臣弑君，子弑父，非一旦一夕之故也，其漸久矣。」漸的意思是慢慢地。換言之，事情的發生是漸變的、慢慢的、累積的，因爲一個正常的人，絕無可能會「忽然」去弑父、弑君的。由於歷史的變化是漸的，故現在所有的一切現象或情狀，都有助於對以往歷史的了解。例如從〈匈奴列傳〉、〈平準書〉、〈酷吏列傳〉等篇，我們雖可得知漢武帝之征伐匈奴、大興干戈，振動天下，耗盡漢興七十年來之積畜，弄得民窮國困，到頭來卻是「建功不深（〈匈奴列傳〉）」的局面。但從這裏也使得我們瞭解到，爲何以始皇之征伐，還要築長城以防匈奴，何以漢高祖有平城之圍以及漢初

爲何採和親之策了。蓋匈奴之難對付，可謂由來已久了，而同樣的，從〈平準書〉所言：

> 至今上（武帝）即位數歲，漢興七十餘年之間，國家無事，非遇水旱之災，民則家給人足，都鄙廩庾皆滿，而府庫餘貨財，京師之錢累巨萬，貫朽而不可校，太倉之粟陳陳相因，充溢露積於外，至腐敗不可食，眾庶街巷有馬，阡陌之閒成群，而乘字牝者擯而不得聚會。

亦可以促使吾人對文景二朝與民休養生息的施政成效有深刻的瞭解。

在全面的瞭解了現在與過去之後，而後才能指出人類的大方向，大律則，這就是史公通古今之變的終極目的。

二、司馬遷通古今之變的方法

史公之通古今之變，是經過三個階段的進程而達到的，而每個階段都有一個方法：

第一個階段的方法是「謹其終始」（〈高祖功臣侯者年表〉）。這是個歷史斷限的問題，蓋史公所探究的古今之變是多方面的（後面會提到），故針對不同的問題，即有不同的斷限，而被斷限的時段，要決定其開始於何時，終止於何時，也就必須要謹慎的處理。因爲，如果斷限不當，則某一史事的變化過程與契機即無法明確的掌握，而影響到後面兩階段的方法及其正確性，故史公於歷史斷限極其謹慎而有其深意，如本紀始於黃帝，終於武帝，始於黃帝原因可從本論文第三章第一節見之，止於武帝則爲切身之當代。〈三代世表〉始於黃帝，終於共和，因共和以前的年數有問題，而屬王無道，出奔之後開始了共和行政，此乃國史上的一大變局，且其後皆有年數，故以此爲〈三代世表〉與〈十二諸侯年表〉之界線。又如〈六國年表〉係「踵春秋之後」，其起周元王，乃因以周室爲宗之意。而終於秦二世之亡，則因下篇之〈秦楚之際月表〉所載陳涉首事在二世元年，故〈六國年表〉不終於秦之統一天下，而終於秦之滅亡，以爲一完整時段的敘述，且使當中不致於有中斷之現象，這都是僅其終始的表現。

第二個階段的方法是「察其終始」（〈六國年表〉）或說是「原始察終」（〈自序〉）。歷史的斷限既已分明，接著就要來探究事情發生的根源以及事情發展的最後結果了。蓋不如此則無法明白事情的因果關係。除了「原始察終」之外，史公也注意掌握歷史變化的關鍵與契機，是即所謂的「見盛觀衰」，而變化之理也就在其中了。

第三個階段的方法是「綜其終始」,〈十二諸侯年表〉中,史公評論說:

> 儒者斷其義,馳說者騁其辭,不務綜其終始;曆人取其年月,數家隆
> 於神運,欲一觀諸要難,於是譜十二諸侯,自共和訖孔子,表見《春
> 秋》、《國語》學者所譏盛衰大指著於篇,爲成學治古文者要刪焉。

既已了解事情發生的根源,及其最後發展的結果,又知道盛衰變化的契機與
關鍵,則應該綜合起來看才好,否則對於歷史的變遷形勢,終不能全面而通
盤的了解與掌握。

例如〈高祖功臣侯者年表〉說:

> 余讀高祖侯功臣,察其首封,所以失之者……漢興,功臣受封者百
> 有餘人,天下初定,故大城名都散亡,戶口可得而數者十二三,是
> 以大侯不過萬家,小者五六百戶,後數世,民咸歸鄉里,戶益息,
> 蕭、曹、絳灌之屬或至四萬,小侯自倍,富厚如之。子孫驕溢,忘
> 其先,淫嬖,至太初百年之間,見侯五,餘皆坐法隕命亡國,耗矣。
> 罔亦少密焉,然皆身無兢兢於當世之禁云。

按「察其首封」,即是「原始」的工作;「所以失之者」,則是「察終」的工作,
而功臣侯者富厚之後,子孫驕溢淫嬖,即是興廢之關鍵與契機,史公綜其終
始,故能作這樣透徹的分析,而其中所謂的「罔亦少密焉」,更是綜合〈酷吏
列傳〉等篇章的結論,可見史公的綜其終始,是全面性的,而不僅僅是在一
個斷限中觀察而已。換言之,其通古今之變,也是全面性的。〈報任少卿書〉
所說:

> 僕……網羅天下放失舊聞,略考其行事,綜其終始,稽其成敗與壞
> 之紀,上計軒轅,下至於茲(武帝),爲十表,本紀十二,書八章,
> 世家三十,列傳七十,凡百三十篇,亦欲……通古今之變,成一家
> 之言。

正是史公最明白的昭示。

第二節 司馬遷所通的古今之變

史公所通之古今之變內容不同,本質亦異,茲分述如次:

一、禮政之變

〈太史公自序〉說:

維三代之禮，所損益各殊務，然要以近性情，通王道，故禮因人質
爲之節文，略協古今之變，作〈禮書〉第一。

按史公既序〈禮書〉而言「略協古今之變」，則於禮制變遷沿革，應於〈禮書〉
中有所交待，而吾人當亦可自其中得知禮制變遷沿革之理的梗概才是。惜〈禮
書〉已亡，未能看到其內容，後人所補，自未能代表史公之思想，但史公既
言三代之禮，雖損益不同，但無非是要切合於人之性情、通達王道，並且是
以人的本質爲基準而設的。基於人性自古以來無重大變化的事實（見後），故
禮制的變化，亦無非因革損益而萬變不離其宗。〈孔子世家〉說：

孔子之時，周室微而禮樂廢，《詩》、《書》缺，追迹三代之禮……曰：
「夏禮吾能言之，杞不足徵也。殷禮吾能言之，宋不足徵也。足，
則吾能徵之矣。」觀殷夏所損益，曰：「後雖百世可知也，以一文一
質，周監二代，郁郁乎文哉。吾從周。」故……〈禮記〉自孔氏。

按史公之言出自《論語·爲政篇》：

子張問十世可知也？子曰：「殷因於夏禮，所損益可知也；周因於殷
禮，所損益，可知也，其或繼周者，雖百世可知也。」

唯「以一文一質」五字爲史公所「意補」，〔註4〕其所持「一文一質，周監二
代」之說，即是一種爲了補前朝之敝而損益因革前朝禮制的意思。史公的這
種觀念亦見於〈高祖本紀贊〉：

太史公曰：夏之政忠。忠之敝，小人以野，故殷人承之以敬。敬之
敝，小人以鬼，故周人承之以文。文之敝，小人以僿，故救僿莫若
以忠。三王之道若循環，終而復始，周秦之間，可謂文敝矣。秦政
不改，反酷刑法，豈不繆乎？故漢興，承敝易變，使人不倦，得天
統矣。

按史公此說，可爲禮政之變的「原理」作一註腳，但卻不可認爲史公有循環
史觀的觀念。因爲史公本身的觀念重在變，他認爲所有的制度因襲久了，一
定會出毛病而生弊端，所以忠、敬、文，雖各有所長，但到最後一定要改變。
雖秦不知變，故史公譏之爲繆，但秦之反酷刑法之繆，正說明了歷史的並非
循環，只是夏、商、周三代之政，正好可以相救，而其道「若」循環而已。
既言「若」，則只是像循環，而實在不是循環，其理至明。〈曆書〉也是說：「蓋

三王之道若循環，窮則反本。」所以總的來說；史公在禮政方面所通的古今之變的原理，是「因革損益」與「承敝易變」的。

二、事物之變

　　前已言之，〈太史公自序〉所說：「禮樂損益，律曆改易，兵權山川鬼神，天人之際，承敝通變，作〈八書〉。」其中承敝通變指的即是〈平準書〉。而〈自序〉也說「作〈平準書〉以觀事變。」可見欲知史公所通的古今事物變遷之理，從〈平準書〉中，當可得知大略，而史公既云：「承敝通變」，則其性質當亦如此。

　　〈平準書〉載，漢興，以秦之「錢重難用」，於是「更令民鑄（莢）錢」。到了孝文之時，「莢錢益多，輕，乃更鑄四銖錢，其文曰四兩」。四十年之後，縣官鑄錢及民間盜鑄錢者「不可勝數，錢益多而輕，物益少而貴」，於是乃「為皮幣，直四十萬」，又「造銀錫為白金」，「令縣官銷半兩錢，更鑄三銖錢，文如其重」。後數年「有司言三銖錢輕，易姦作，乃更請諸郡國鑄五銖錢」。但「郡國多姦鑄錢，錢多輕」，於是「公卿請令京師鑄鍾官赤側，一當五，賦官用非赤側不得行」。但赤側行，則「白金稍賤，民不寶用」，「白金終廢不行」。其後二年，赤側錢又廢，於是「悉禁郡國無鑄錢，專令上林三官鑄。錢既多，而令天下非三官錢不得行。」

　　從史公所述幣制之變，我們不難發現，所有幣制的因革損益，都是為了救敝而起。這就是所謂的「承敝易變」，而與禮、政之變一樣，歷史的發展就在這種救失補過的「試誤法」中發展下去。

　　再看〈平準書〉所載另一事：

> 漢興，接秦獘，丈夫從軍旅，老弱轉糧饟，作業劇而財匱，自天子
> 不能具鈞駟，而將相或乘牛車，齊民無藏蓋。

從這一段描述，可以得知漢初興之時的窮酸相，而七十年之後的情形卻是：

> 京師之錢累巨萬，貫朽而不可校，太倉之粟，陳陳相因，充溢露積
> 於外，至腐敗不可食。眾庶街巷有馬，阡陌之間成群，而乘字牝者
> 擯不得聚會。（〈平準書〉）

這一景象與漢初形成了極強烈的對比，國家之蓄積可達到了頂點，但史公也指出盛極而衰的關鍵說：

> 當此之時，網疏而民富，役財驕溢，或至兼并豪黨之徒，以武斷於
> 鄉曲。宗室有土公卿大夫以下，爭于奢侈，室廬輿服僭于上，無限

度。物盛而衰，固其變也。

在指出盛衰關鍵之後，史公竟插進一段評論的話——「物盛而衰，固其變也。」這種作法，實為少見，此乃忍不住的發論，亦可見他感慨之深，這正是他見盛觀衰的結果，他找到了盛衰的關鍵與契機，也可以說找到了變化的轉捩點，但「固其變也」卻說明了這種變化是必然的結果。而可作為史公所通古今之變的結論之一。

在〈平準書〉贊中，史公更總結的說：

　　是以物盛而衰，時極而轉，一質一文，終始之變也。

「一質一文」指的是漢興以來，以迄桑弘羊為治栗都尉，領大司農而代管所有天下鹽鐵止，期中漢王朝所採行的種種不同的貨幣、賦稅及財經政策在整體表現上的大變化。蓋「孝惠皇帝、高后之時，黎民得離戰國之苦，君臣俱欲休息乎無為」，故「刑罰罕用，罪人是希。民務稼穡，衣食滋殖。（〈呂太后本紀贊〉）」，文帝之時，不但躬行節儉，且獎掖農耕而一度廢除田租。〈本紀〉說他「專務以德化民，是以海內殷富，興於禮義。」孝景在這個基礎上，繼續推動國政於是「天下翕然，大安殷富」（〈自序〉）。班固所謂：

　　漢興，掃除煩苛，與民休息。至於孝文，加之以恭儉。孝景遵業，
　　五六十載之間，至於移風易俗，黎民醇厚，周云成康，漢言文景，
　　美矣。」〔註5〕

因此漢武帝即位之初，正是漢帝國國力的蓄積達到頂點的時候。但由於武帝的力事四夷，不斷的征伐結果，引起國家財政的困難，雖採取了種種的措施，但卻每況愈下，到了武帝的末年，已是一片殘破之景像。〈漢書‧眭兩夏侯京翼李傳〉載夏侯勝之言說：

　　武帝雖有攘四夷廣土斥境之功，然多殺士眾，竭民財力，奢泰無度，
　　天下虛耗，百姓流離，物故者過半。蝗蟲大起，赤地數千里，或人
　　民相食，畜積至今（按：宣帝初年）未復。

史公從大歷史的角度去看，發現事物「一質一文」的變化，始終如此，故說這是「終始之變也」；也從很細微的地方去見盛觀衰，而發現「物盛而衰，固其變也」。前者說的是一種救失之舉，後者講的則是一種無可避免的趨勢。雖「物盛而衰」之後，又會「時極而轉」，但這中間又有不同。物盛而衰，是必然的趨勢，其關鍵雖在人，尤其是人性中嗜欲的問題，但人性之嗜欲既是與

〔註5〕見《漢書‧景帝紀贊》。

生俱來的，故亦可歸之於天，史公於此而言「固其變也」，自有其理。

至於衰到極點的時極而轉，則是人類求生存的救失行動，雖然求生也是一種人的天性，但卻需透過「奮鬥」受苦的過程，才可以遂其生，而不像遂行嗜欲般自然而然的發展，其救失之舉是具有「理念」的行為。這是兩者不同的地方。簡單的說，「物盛而衰」是一種天道，而「時極而轉」的救衰救失則是一種人道。於是，消極的說，吾人當持盈保泰，勿使趨極；積極的講，應承敝而通變。

三、人事之變

〈太史公自序〉說：

> 非兵不彊，非德不昌，黃帝、湯、武以興，桀紂二世以崩，可不慎歟？《司馬法》所從來尚矣，太公、孫、吳、王子能紹而明之，切近世，極人變。作〈律書（兵書）〉第三。

史公言〈兵書〉之作，切合近代之情況，而極盡窮究人事之變化，惜〈兵書〉亡不存，未能觀其大旨，而失去重要的線索。但《史記》中仍不乏可論者。首先，人事的變化是極度複雜的。〈鄭世家〉說：

> 語有之，「以權利合者，權利盡而交疏」，甫瑕是也，甫瑕雖以劫殺鄭子內屬公，屬公終背而殺之，此與晉之里克何異？守節如荀息，身死而不能存奚齊，變所從來，亦多故矣。

史公以甫瑕的行為，可以歷史的常道去解釋，故容易明白，而說「與晉之里克何異？」但守節的荀息，卻「身死而不能存奚齊」，這牽涉到天人的德報關係，但史公之言，並未說明這點，而以「變從從來，亦多故矣」來做為此事之說辭。按晉獻公寵驪姬，而驪姬使毒計，致太子申生自殺於新城，而公子夷吾，重耳出奔。及獻公老，屬奚齊於荀息，荀息受之。但里克等欲入重耳，故以三公子之徒作亂，而殺奚齊。荀息欲死，人或勸荀息立奚齊之弟悼子，里克又殺之，於是荀息死之。此中恩怨、果報，皆糾纏難清，更牽涉人心利欲權謀等問題，故史公說「變所從來，亦多故矣」。而由這裏我們尚且可以看出，論人事之變，實應先究天人際，天人之分際既明，然後才可以言古今之變。

此外有關人事之變者，如「富貴多士，貧賤寡友」、「狡兔死，良狗亨；高鳥盡，良弓藏；敵國破，謀臣亡。」等已在第五章第四節〈司馬遷筆下的歷史教訓〉中說過，茲不復贅。

至於人事而牽涉到命運之天的幽明之變，則更是複雜而難瞭。史公在〈外戚世家〉稱「孔子罕言命，蓋難言之也」。何以難言，就是因為幽明之變的難通，所以史公又說：「非通幽明之變，惡能識乎性命哉！」總之人事的變遷之理，是極其復雜而無法像禮、政、事、物般的有律則可言。

第三節　知常與應變

史公盛言「通古今之變」、「協古今之變」，似是重在變之道、變之理，但就是因為瞭解並掌握了這個變道理，故可得古今之常。以下分述如次：

一、人性中不變的某些特質

人性具有某種普遍的共通性，並且自歷史時代（historic time）以來，人性就沒有多大的變化（人之所以能瞭解歷史，正是基於這個原因），這一點已大致為中外之學者所認同。〔註6〕史公在二千年前似乎也已領會到這一點。他說：「富者人之性情，所不學而俱欲者也」（〈貨殖列傳〉）此語指出人性共通之嗜欲。在人類愛憎心理的變化方面，史公則指出色衰則愛弛之理。他說：

> 甚哉愛憎之時！彌子瑕之行，足以觀後人佞幸矣。雖百世可知也。
> （〈佞幸列傳〉）

「雖百世可知」即代表其中有某種不變之性質。這種不變之性質，即建立在人性的共通處，換言之，好色或在這方面的喜新厭舊，史公以為可以做為觀察後人以佞而幸者的判斷依據。此外，由禮因人質而節文；政因承敝而易變，但卻不外乎文質相救看來，亦可說明人性中有某些不變的特質，否則就不只是文質相救就可以解決禮、政的問題了。

二、觀變所知之常

由前節所述，史公從歷史中原始察終，見盛觀衰，進而綜其終始之後，得到了一些律則，如「物盛而衰，固其變也」及「物盛而衰，時極而轉，一質一文，終始之變也」等。史公指出所有的事務都會變。這個「變」從「由盛而衰」言，是自然的變化；從「由衰而盛」言，則是在衰敗之際的人為救失行動，故曰「承敝易變」或「承敝通變」。至於變了之後的向前發展，到達

〔註6〕見杜維運，《史學方法論》，第十二章〈歷史想像與歷史真理〉（台北：三民書局，民國80年4月），頁192。

了頂點之時，則自然會反轉，而反轉之初，敝尚不顯，等到人們認爲該救失了，又再來一次承敝通變。故在史公看來，歷史中沒有不變的事，如有不變之事，就不會有所謂「物盛」，亦不會有所謂「時極」，因爲這兩個詞都是比較的用語，除非是大毀滅，否則一切終將在變。換言之，凡事因循而不變，亦終將敗亡。至於什麼情況是盛？什麼情況是極？則沒有一定的範疇與界限可言。要之，見微可以知著，在一些衰敗的跡象顯露時，就也是達到「盛、極」的臨界點了。

分析了上述變化的道理之後，不難發現史公所通的整個古今之變與所得的常道大抵仍合於《易傳》所說的「窮則變，變則通，通則久」。「窮則變」就是史公所謂的「承敝易變」或「承敝通變」的意思。「變則通」則是救失的結果，因史公所言的救失，必是針對敝而來，故說「一文一質，終始之變也」。但如果未能對症下藥，則是「變不通」，「變不通」仍舊是「窮」，窮就要繼續變，歷史也就在這種不斷的變化中，持續的發展下去，直到通了爲止，此後再展開另一波的「物盛而衰，時極而轉」與「一質一文」的終始之變。

至於歷史向前的發展是否一定在「進步」的途中，則史公的答案應該是否定的，他只是認爲「安寧則長庠序，先本絀末，以禮義防於利；事變多故而亦反是（〈平準書〉）」而已。這也說明了他一貫的看法——「一質一文，終始之變也」。推而言之，史公的眼中，並未存有什麼未來世界終極的完美藍圖，他所相信的只不過是，歷史將在不斷的「承敝易變」中發展，而且必將遵循著「物盛而衰，時極而轉」，「一質一文，終始之變」的原則走去，直到永遠。

至於徐復觀先生在〈論史記〉中認爲，史公所言的通古今之變，即寓有「得古今之常」的意思，而指出《春秋》以道義」的義，或稱禮義，或稱仁義，足以爲人類在變中的立足點。他說：

> 這在古今之變中，不能不承認它（按指禮義或仁義）可以作爲任何
> 人的立足點。

按復觀先生之說自是言之成理，但這不是史公的意思，而是復觀先生自己的意思。蓋史公注重仁義、禮義是一回事，他所通的古今之變又是一回事。在以古爲鏡上，某些事他希望人們依仁行義是一回事，但歷史之變化有無依仁義之路而行又是一回事。史公所通係就「古今之變之理」而論，並非據仁義以發論，如依復觀先生所講，這是一個「永久的」立足點，則人類將有生活在完美國度裏的一天。但在史公的觀念裏，這一天將永遠沒有到來之時。史

公雖推崇仁義而極敬孔子，但他也察覺芸芸眾生的基本需求與人性中的嗜欲。所以他在〈貨殖列傳〉說：

> 若至家貧親老，妻子軟弱，歲時無以祭祀進醵，飲食被服不足以自通，如此不慙恥，則無所比矣。是以無財作力，少有鬥智，既饒爭時，此其大經也。今治生不待危身取給，則賢人勉焉。是故本富爲上，末富次之，姦富最下。無巖處奇士之行，而長貧賤，好語仁義，亦足羞也。

在這一段敘述中，史公重視基本生活需求的觀念，已十分明白，但同樣的，我們也不以爲，在古今之變中，史公認爲「利」可以作爲任何人的立足點。他仍認爲，如果有巖處奇士之行，則雖貧賤亦無妨，而沒有要求所有的人都去作巖處的奇士，都去作聖人。也沒有要求有的人都作將相，都奔富厚。他所主張的不過是「各從其志」或「從吾所好」而已。當然史公心中有其道德的理念，但，這在其所通的古今之變中，未必有絕對的相涉之處。

三、知常後之應變

史公既發現了歷史的無往而不變，卻又萬變不離其宗。自然也就究通了古今之變。但「觀變所以知常」，故史公也必能掌握歷史之常道。然而掌握歷史之常道，只是知識之獲得，尚非知識之運用，換言之，對於任何執常以御變，以落實「以古爲鏡」（此古係通就古今言）的目的，則仍應有所說明才是。而綜史公終始之論看來，史公不但要人「居今之世，志古之道」以自鏡，而且要人知時變，自鏡之道，自是從古人古事中學取教訓而有所師法；知時之變，則是在通達變道（實即常道）的基礎上，於當代的現實中知勢所趨，而有所應變。這兩者在歷史中皆有垂訓之例。前者已不待言，後者可說明如下：

〈魏其武安侯列傳〉中記載史公的評論說：

> 魏其、武安皆以外戚重，灌夫用一時決筴而名顯。魏其之舉以吳楚，武安之貴，在日月之際。然魏其誠不知時變，灌夫無術而不遜，兩人相翼，乃成禍亂。

按魏其侯竇嬰乃是文帝竇皇后的堂姪，在景帝時因平定七國之亂而封侯。武安侯田蚡則是景帝王皇后的同母異父弟。他在武帝初立及王太后臨朝的情形下，自然益發的尊貴。而此時竇太后及景帝皆已死，竇嬰已失去靠山，田蚡則靠山正壯，權勢漸固。在這種彼長我消的情況下，魏其侯還想挽回勢力而

與田蚡爭鬥，這無疑是不知時局變化的愚蠢行為，故史公批評竇嬰「誠不知時變」。

魏其侯之事是反面的例子，至於正面之例，則莫過於叔孫通之事。〈劉敬叔孫通列傳〉記載叔孫通為秦博士，陳勝舉兵山東，使者以告二世，諸生言這是造反，二世怒形於色。叔孫通向前說，這不過是群盜而已。於是二世才喜形於色。其後言陳勝之舉兵是造反的，皆下吏；言為盜的，都沒事。叔孫通出宮反舍，諸生以「何言之諛也」相詢，他回答說：「公不知也，我幾不得脫於虎口」。可見他知所變通，才救了自己一命。

叔孫通歸順漢朝之後，「儒服」，令劉邦感到十分厭惡，他又立刻順應的改服楚製，於是「漢王喜」。到了叔孫通有發言權之時，他以漢王「方冒矢石爭天下」，而諸生不能鬥，所以「專言諸故群盜壯士進之」，對從弟子百餘人不加薦舉。並對諸生說：「且待我，我不忘矣。」後來天下既定，叔孫通因為替漢定朝儀而徵魯生，諸生中有兩人以叔孫通「所為不合古」而不肯應徵。叔孫通罵他們說：「若真鄙儒也，不知時變。」及朝儀既行，叔孫通大貴，於是引進諸生，這時諸生才喜孜孜的說：「叔孫先生誠聖人也，知當世之要務。」而太史公也在贊中說：「叔孫通希世度務，制禮進退，與時變化，卒為漢家儒宗。『大直若詘，道固委蛇』，蓋謂是乎。」從史公的讚美中，吾人不難發現，史公之旨歸，即要人「通變」與「應變」。

此外，在「物盛而衰，時極而轉」的常道上，史公也透過蔡澤說范雎的話：

> 語曰：「日中則移，月滿則虧」。物盛則衰，天地之常數也。進退盈縮，與時變化，聖人之常道也。
>
> 《書》曰：「成功之下，不可久處」。……《易》曰「亢龍有悔」，此言上而不能下，信而不能詘，往而不能自返者也。（〈范雎蔡澤列傳〉）

及范雎回應的話：

> 欲而不知足，失其所以欲；有而不知止，失其所以有。（〈范雎蔡澤列傳〉）

指導著後人避免走向商君、吳起、白起、文種那樣的下場。在承敝變通，一質一文之相救方面，史公也已有忠、敬、文相救及一質一文，終始之變的說法，以及〈封禪書〉中的諸多例子。

　　總之，從歷史中歸納而來的，自可印證於歷史之中，唯有通達古今變遷的道理並記取歷史的教訓，人類才可避免走向滅亡的道路，並且生活於較佳的狀況中。

第八章　結論：司馬遷歷史哲學的意義與價值

　　前幾章已探究了司馬遷的歷史哲學，那是屬於「什麼（what）」的問題，此處將要討論的則是史公歷史哲學的意義與價值，間及其歷史哲學之地位與影響，而這是屬於「如何（how）」的範疇，以下分項述之。

一、擴大了歷史研究的領域深化了史事的敘述

　　先秦史書（此指廣義的史書如《世本》、《尚書》、《春秋》、《左傳》、《國語》、《呂氏春秋》……等），就其所敘述的歷史對象及所涵蓋的歷史領域而言，沒有一本書，像《史記》這樣包舉萬端，內容涵蓋了政治、軍事、經濟、社會、心理、宗教、科技、地理、外交、國防、學術及民族人類等各方面，並且是真正的以人為中心。據個人統計，《史記》中稱人達三萬六千八百五十一人次，包含了各種不同生命情態的人。而且由於史公特殊的背景、經歷與遭遇，再加上他的才華學識，又對歷史有同情的瞭解，故而不論在史事的洞察、體悟、解析、論斷及描繪等各方面均見其深度，而非泛泛的依時間先後排列史實而已。

二、略備了撰史敘事之原則

　　史公所示的撰史敘事之原則，可歸納為五點：一是「事繁變眾則詳著」，這是詳略原則。二是「不以成敗論英雄，而瑕瑜均表」，這是客觀原則。三是「疑以傳疑」，這是謹慎原則。四是「疑者闕之」，這是求真原則。五是「遠章近微」，這是褒諱原則。這些原則或源自孔子，或創自史公，然其為史公所加意闡發實踐則一。自此五原則立，於是敘事撰史之規矩備，且此五者之中，

前四者已可謂顛撲不破之眞理，後世史家多所取則；而後一原則，則有敦風俗崇教化之意義。惟自斷代史興，由後世史家，敍前代之史，於是褒諱原則始不復用，然原始要終，這種不寫當代史之作法，仍可以說是史公此一原則之進一步表現。

三、追溯了中國歷史的相對源頭

做爲中國通史的第一部，上溯歷史源流，決定進入中國歷史的第一人，這是一椿極度困難的大事。但史公考信於六藝，折衷於夫子，並驗證於實地的調查，在陰陽讖緯橫流，感生受命之說盛行的時代，他毅然的排除了庖犧氏與神農氏等傳說中的遠古聖王，而以黃帝爲中國歷史的第一人。而這個進入中國歷史的第一人，更在他的敍述中，成了我們的共同祖先，所謂「炎黃子孫」即從此而出。此外，由黃帝這個橫切面看出去，吾人也看到了初民生活的大致情形，以及此一民族之立國初規，從而也可知道史學研究的基本對象。

四、建立了正史研究的方法與敍事的體例

史公在史書的體例方面，實有不可磨滅的貢獻，他創立的五體架構，不但綜合地運用了個體與整體的方法意識，而且以五體的互補、互見的方式，使敍事繁簡得當，並且兼具了編年與紀事本末二體的長處，故自茲而後，紀傳之體的敍事方法，遂成爲中國正史的標準體例。

五、樹立價值判斷的模式

價值判斷是歷史客觀性的問題，史公在這方面有驚人的表現。首先他將「太史公曰」之史論史評，正式獨立於歷史敍事之外，這可以使人明確的知道何者爲記述之語，何者爲評斷之言，而使歷史的歸歷史，評論的歸評論。此後史籍頗用其例，例如《漢書》有贊；《漢紀》有論；《東觀漢紀》有序；《後漢書》有論有贊；《三國志》有評……這些都是受到史公影響的確證（雖然《左傳》有「君子曰」，但《左傳》中的「君子曰」並未獨立於敍述之外）。至於史公表現於其他方面的價值判斷，如對李陵投降匈奴的客觀記述，及所有的史事皆需做爲究天人通古今的抽樣而必具客觀的意識等，也都爲價值判斷樹立了良好典範。

六、標舉了史料來源與史學考證、批判的方法

由史料而史實，必需經過考證與批評的過程，然而一切的考證與批評都必需以史料爲基礎。史公在〈自序〉中指出漢興以來，「百年之間，天下遺文

古事，靡不畢集太史公」，及史公爲太史令，更掌握了「金匱石室之書」，他也「網羅了天下放失舊聞」，並接聞了不少當代的人事，這些都構成了其著史的史料，而在《史記》中，光是史公提及的史籍就已多達八十一種。

史公更建立了對史料考證的兩大原則，是即〈伯夷列傳〉所提到的「考信於六藝」以及〈孔子世家〉所說的「折衷於夫子」。此外他或訪問遺老，或實地考察，並且巨細靡遺，不從俗見而獨立判斷，凡此種種，都爲後世治史者開立門徑。故可以說中國的史學方法，奠基於史公。

七、創建了歷史選擇的標準

《史記》雖以敘述歷史人物與歷史事實爲主，唯在《史記‧自序》及各篇的字裏行間，亦偶有涉及選擇史實與裁汰史事的言語。其中所顯示的，即是史公之撰史有其歷史選擇的某種標準或理念，而非漫事抄錄、選輯與編纂。他不但是國史上第一個提及歷史選擇標準的人，而且他所提出或展現之選擇標準，更已略備古今。〔註1〕換言之，不但後世史家論及歷史選擇需溯源史公，而且，史公的歷史選擇標準，亦多爲後世史家所取則。

八、暗示了歷史解釋方法

自紀、傳、書、表、世家五體確立之後，後世史家基於實際的情況，雖未五體全采，但由於體例的既定，其解釋歷史的方法大體仍不出史公之範圍。換言之，後世正史的敘述，大抵也是把事務的前因後果安排成具有泛推論的性質，而使人感覺某事的發生，實可見微知著，由小見大，其日後的發展，實爲合理而有著目的路線的傾向，或者是以一種歷史教訓或歷史通則之面貌出現。此外，史公對歷史偶然的注意，更是開風氣之先，其歷史假設對後世史家也有一定的影響。〔註2〕

〔註1〕此可由後世史家所歸納之歷史選擇標準見之。後世史家如杜維運先生歸納歷史選擇的標準有：美善的標準、鑑戒的標準、新異的標準、文化價值的標準、現狀淵源的標準。張蔭麟歸納之標準有：新異的標準、實效的標準（此一名詞甚不恰當，其意係指以「史事所直接牽涉和間接影響於人群的苦樂」大小爲標準）、訓誨功用的標準及現狀淵源的標準。這些歸納的結果，與史公所展現的歷史選擇標準，並無太大的差異（以上二人歸納之歷史選擇標準，見杜維運著，《史學方法論》，台北：三民書局，民國80年4月，頁25～32）。

〔註2〕例如《漢書‧武帝紀》贊，班固說：「如武帝之雄材大略，不改文景之恭儉以濟斯民，雖《詩、書》所稱，何有加焉！」又如《後漢書‧劉虞公孫瓚陶謙列傳》論，范曄說：「劉虞守道慕名，以忠厚自牧。美哉乎，季漢之名宗子也！若虞、瓚無間，同情共力，糾人完聚，蓄保燕、薊之饒，繕兵昭武，以臨群

九、提出了歷史的教訓

　　史公著史，既有美善與鑒戒的選擇標準，自有指出歷史教訓的意義在，而《史記》中所提及的歷史教訓，確也俯拾即是。尤其全書的論贊更是史公提出歷史教訓的集中營，例如富貴多士，貧賤寡友；聖德之後，必有餘烈以及隱退柔弱謙益自損的處世原則；環境決定論；治國安民之道；人貌榮名沒有定然的關係等都是。這些教訓不論是歷史的當事人付出慘痛的代價換來的也好或者僅是一種觀察的結果也好，其可為後人的借鏡與有助後人瞭解歷史而增進知識之功則一。

十、窮究了天人關係從而指出了人生的道路

　　史公所嘗師事之董仲舒，其治公羊學言春秋災異而申天人感應之說，以及史公承家學所究的天官，此二者並為史公天人思想的最初所承處。及史公著史，自身受到李陵案的禍事打擊後，乃發覺天道之可疑，於是欲透過《史記》之史事，以全面地探究天人的關係。最後他認為天道難憑，無從可說，於是棄天道而從人道，遂走出天人的糾纏，而以各從其志，結穴於孔子所說的立名（這其中包含了立德、立功、立言與立業），以成就人生於歷史，並且隱示了立名所以可能之三個層次之依據。在天人感應，陰陽讖緯等邪說橫行的時代中，史公能指出這樣的人生路途，而透顯了高度的人文精神，這在歷史哲學上，不能不說是一件極有意義的事。

十一、貫通了古今歷史變遷的原理

　　中國在很早以前，就已經有了「變」這一個觀念。不過要說到貫通歷史，以明瞭古今變化之總原理的，史公實為國史上的第一人。他透過「謹其終始」、「察其終始（含見盛觀衰）」及「綜其終始」三個階段的方法，發現古今之變的總原理，可得而言者有三：第一，就禮政之變而言，可謂因革損益，萬變不離其宗。其原則或是一文一質，或是忠、敬、文三者之相救，而相救之道則是承敝易變。第二，就事物之變而言，史公以為是「物盛而衰，時極而轉，一質一文，終始之變也（這其中「物盛而衰」是一種無可挽救之人性弱點所造成，而「時極而轉」，則是人類求生存之奮鬥舉措）。」由於盛極衰極永無定數，故歷史之發展並非螺旋狀或環狀之軌跡所能盡，而歷史之進程也就在

　　雄之際，舍諸天運，徵乎人文，則古之休烈，何遠之有！」其中之「如」、「若」等字即是歷史假設之表現。

這種情況中，發展下去，永無到達完美境界的一天。第三，就人事之變而言，這是從歷史的細節處去看，其中包括了天與人的關係及天人果報等問題，故有時不易理清，於是史公遂有「變所從來，亦多故矣」及「孔子罕言命，蓋難言之也」之嘆。換言之，人事變遷之理是極複雜而無法如禮政事物般的有律則可言。

　　歷史發展的總原理既是如此，於是史公不但要人「居今之世，志古之道」以自鏡，而且要人知時變，以避免走向滅亡之途，而生活於較佳的狀況中。至其所通之原理，後世史家亦不乏借說者。〔註3〕

十二、成就了一家之言

　　史公秉父命，承史職，法周孔，「繼《春秋》」，「本《詩、書、禮、樂》之際」，「論次舊聞」，「拾遺補藝」，述「功臣世家賢大夫之業」，載「明主賢君忠臣死義之士」，「協六經異傳」，「齊百家雜語」，「究天人之際」，「通古今之變」，歷史之真象因之以明，歷史之是非因之以辨，歷史之正義因之以立。這是《史記》所以成一家言之緣故。然而史公的一家之言，是必須透過前述史公之歷史哲學來實踐，來完成的。是史公的歷史哲學，成就了史公的一家之言。也由於「成一家言」，《史記》才有其意義、價值、地位及其對後世的影響力。

　　此外，就史公之「為其自己（for himself）」而言，其歷史哲學之完成與實踐，又有著父命無違，夙顯得償、冤辱湔雪（這是消極的說法）、立言成名（這是積極的講法）的意義在。易言之，其歷史哲學之完成與實踐，實即其「人生價值」於歷史中之完成。

〔註3〕 如《後漢書・王充王符仲長統列傳》贊，范曄說：「救朴雖文，矯遲必疾。舉端自理，滯隅則失。詳觀時盡，成昭政術。」又如晉・司馬彪所補的《續漢書志・禮儀下》贊說：「大禮雖簡，鴻儀則容。天尊地卑，君莊臣恭。質文通變，哀敬交從。元序斯立，家邦迺隆。」其中「救朴雖文」、「質文通變」等觀念，即是取意於史公者。

參考書目

一、《史記》及其相關研究論者

  《史記》及其相關研究論著，積古以來，更僕難數，幸民國 65 年間，任職台灣大學圖書館閱覽組主任之王民信先生，薈萃舊目，輯古今考論之文，傳世之本，并及異域論著，編爲《史記研究資料與論文索引》一書。其加惠後學，厥功偉矣。某愚而不敏，賢賢竊效，遂有「續編」之作，自 65 年，迄 80 年。惟其內容恐有未全，體例並有未周，無敢公諸同好，故僅孤稿自珍。今僅擇索引（含續編）中尤著於世之專書，臚陳於次，博雅君子，幸垂察焉。

1. 漢・司馬遷原撰，《新校本史記三家注並附編二種》，鼎文書局。
2. 宋・倪思，《班馬異同》，四庫全書本。
3. 明・楊慎，《史記題評》，明嘉靖十六年刻本。
4. 明・柯維騏，《史記考要》，明嘉靖十六年刻本。
5. 明・茅坤，《史記評鈔》，明泰昌年間刻本。
6. 明・郝敬，《史記愚按》，明天啓崇禎間刻本。
7. 清・湯諧，《史記半解》，康熙愼余堂刊本。
8. 清・潘永季，《讀史記札記》，世楷堂昭代叢書本。
9. 清・林伯桐，《史記蠡測》，修本堂叢書本。
10. 清・邵晉涵，《史記輯評》，上海會文堂書局，民國 8 年。
11. 清・吳見思，《史記論文》，廣益書局，民國 25 年。
12. 王駿圖、王駿觀合著，《史記舊注平議》，正中書局，民國 58 年。
13. 郭嵩燾，《史記札記》，樂天出版社，民國 60 年。

14. 阮芝生，〈司馬遷的史學方法與歷史思想〉，台大歷史研究所博士論文，民國 60 年。

15. 劉本棟，《六十年來之國學第三冊》，正中書局，民國 60 年。

16. 日人水澤利忠，《史記會主考證校補》，廣文書局，民國 61 年。

17. 清‧瞿方梅，《史記三家注補正》，廣文書局，民國 62 年。

18. 劉偉民，《司馬遷研究》，文景書局，民國 64 年。

19. 張森楷，《史記新校注五稿六稿》，台北中國學典館復館籌備處，民國 65 年。

20. 劉咸炘，《太史公書知意》，鼎文書局，民國 65 年。

21. 王民信，《史記研究資料與論文索引》，學海出版社，民國 65 年。

22. 施之勉，《史記會注考證訂補》，華岡書局，民國 65 年。

23. 清‧崔適，《史記探原》，廣城出版社，民國 66 年。

24. 清‧梁玉繩，《史記志疑》，鼎文書局，民國 66 年。

25. 于大成、陳新雄編，《史記論文集》，西南書局，民國 67 年。

26. 施人豪，《史記論贊研究》，文史哲出版社，民國 68 年。

27. 徐文珊，《史記評介》，維新書局，民國 69 年。

28. 陳直，《史記新證》，學海出版社，民國 69 年。

29. 清‧梁玉繩等，《史記漢書諸表訂補十種》，北京中華書局，1982 年。

30. 清‧邵泰衢，《史記疑問》，商務印書館四庫本，民國 72 年。

31. 賴明德，《司馬遷之學術思想》，洪氏出版社，民國 72 年。

32. 李長之，《司馬遷的人格與風格》，台灣開明書店，民國 73 年。

33. 周尚木，《史記識誤》，自印本，民國 74 年。

34. 清‧孫德謙，《太史公書義法》，台灣中華書局，民國 74 年。

35. 張維嶽，《司馬遷與史記新探（論文集）》，崧高書社，民國 74 年。

36. 吳福助，《史記解題》，文史哲出版社，民國 75 年。

37. 張大可，《史記論贊輯釋》，陝西出版社，民國 75 年。

38. 《史記索引》，台灣大通書局，民國 75 年。

39. 日人瀧川龜太郎，《史記會注考證》，洪氏出版社，民國 75 年。

40. 魯實先，《史記會注考證駁議》，嶽麓出版社，民國 75 年。

41. 吳汝煜，《史記論稿》，江蘇教育出版社，民國 75 年。

42. 朱東潤，《史記考索》，台灣開明書店，民國 76 年。

43. 吳福助，《史漢關係》，文史哲出版社，民國 76 年。

44. 范文芳，《司馬遷的創作意識與寫作技巧》，文史哲出版社，民國 76 年。

45. 聶石樵,《司馬遷論稿》,北京師範大學出版社,民國 76 年。

46. 周虎林,《司馬遷及其史學》,文史哲出版社,民國 76 年。

47. 劉乃和編,《司馬遷和史記》,北京出版社,民國 76 年。

48. 王國維等,《司馬遷──其人及其書(論文集)》,長安出版社,民國 76 年。

49. 鄭樑生,《司馬遷的世界》,志文出版社,民國 77 年。

50. 游利信,《史記方法試論》,文史哲出版社,民國 77 年。

51. 楊家駱,《史記今釋》,正中書局,民國 77 年。

52. 黃沛榮編,《史記論文選集》,長安出版社,民國 78 年。

53. 楊燕起等編,《歷代名家評史記》,博遠出版社,民國 79 年。

54. 汪惠敏,《史記政治人物述評》,師大書苑,民國 80 年。

55. 丘述堯,《史記新探》,明文書局,民國 81 年。

56. 明‧凌稚隆輯校、明‧李光縉增補、日本有井範平補標,《補標史記評林》,地球出版社,民國 81 年。

57. 何世華,《史記美學論》,水牛出版社,民國 81 年。

二、歷史哲學及其相關研究論著

1. 史賓格勒著、陳曉林譯,《西方的沒落》,桂冠出版社,民國 67 年。

2. 巴拍著、李豐斌譯,《歷史定論主義的窮困》,聯經出版事業公司,民國 70 年。

3. 羅光,《中外歷史哲學之比較》,中央文物供應社,民國 71 年。

4. 羅光,《歷史哲學》,台灣商務印書館,民國 72 年。

5. 柯靈烏著、黃宣範譯,《歷史的理念》,聯經出版事業公司,民國 75 年。

6. 朵木伊森著、胡昌智譯,《歷史知識的理論》,聯經出版事業公司,民國 76 年。

7. 威爾杜蘭夫婦著、鄭緯民譯,《歷史的教訓》,巨流圖書公司,民國 76 年。

8. 湯恩比著、曹未風等譯,《歷史研究》,人民出版社,民國 76 年。

9. 張文傑等編譯,《現代西方歷史哲學論文集》,谷風出版社,民國 76 年。

10. 余英時,《歷史與思想》,聯經出版事業公司,民國 77 年。

11. 牟宗三,《歷史哲學》,學生書局,民國 77 年。

12. 華雪著、王任光譯,《歷史哲學》,幼獅文化事業公司,民國 77 年。

13. 胡昌智,《歷史知識與社會變遷》,聯經出版事業公司,民國 77 年。

14. 黑格爾著、謝詒徵譯,《歷史哲學》,水牛出版社,民國 78 年。

15. 金觀濤、劉青峰合著，《興盛與危機》，風雲時代出版公司，民國 78 年。

16. 黃俊傑等著，《天道與人道》，聯經出版事業公司，民國 78 年。

17. 周樑楷著，《近代歐洲史家及史學思想》，唐山出版社，民國 79 年。

18. 卡西爾著、羅興漢譯，《符號、神話、文化》，結構群文化事業股份有限公司，民國 79 年。

19. 王章陵，《論馬克斯的歷史哲學》，幼獅文化事業公司，民國 79 年。

20. 卡耳著、王任光譯，《歷史論集》，幼獅文化事業公司，民國 79 年。

21. 吳光明，《歷史與思考》，聯經出版事業公司，民國 80 年。

22. 黃進興，《歷史主義與歷史理論》，允晨文化實業公司，民國 81 年。

三、經部、史部及其相關研究論著

1. 《十三經注疏》，藝文印書館。

2. 宋・朱熹集注，《四書章句集注》，長安出版社。

3. 清・段玉裁注，《說文解字注》，黎明書局。

4. 三國吳韋招注，《國語》，九思出版社。

5. 漢・劉向輯，《戰國策》，九思出版社。

6. 漢・劉向，《說苑》，臺灣商務印書館。

7. 漢・班固，《漢書》，鼎文書局。

8. 南朝宋・范曄，《後漢書》，鼎文書局。

9. 晉，陳壽，《三國志》，鼎文書局。

10. 唐，劉知幾著、清蒲起龍釋，《史通通釋》，里仁書局。

11. 宋・鄭樵，《通志》，世界書局。

12. 清・王夫之，《讀通鑑論宋論合編》，里仁書局。

13. 清・錢大昕，《廿二史考異》，鼎文書局。

14. 清・王鳴盛，《十七史商榷》，鼎文書局。

15. 清・趙翼，《廿二史箚記》，鼎文書局。

16. 清・章學誠，《文史通義》，漢京出版社。

17. 錢穆，《中國歷史精神》，國民出版社，民國 43 年。

18. 許冠三，《史學與史學方法》，環宇出版社，民國 60 年。

19. 顧頡剛等，《古史辨》，藍燈出版社，民國 67 年。

20. 清・牛運震，《讀史糾繆》，濟南齊魯社，民國 70 年。

21. 錢穆，《史學導言》，中有日報社，民國 70 年。

22. 蔣祖怡，《史學纂要》，正中書局，民國 70 年。

23. 楊聯陞，《國史探微》，聯經出版事業公司，民國 73 年。

24. 柳詒徵，《國史要義》，台灣中華書局，民國 73 年。

25. 梁啓超，《中國歷史研究法》，台灣中華書局，民國 74 年。

26. 甲凱，《史學通論》，學生書局，民國 74 年。

27. 李宗侗，《中國史學史》，中國文化大學出版部，民國 75 年。

28. 金靜庵，《中國史學史》，鼎文書局，民國 75 年。

29. 李宗侗，《史學概要》，正中書局，民國 75 年。

30. 《史料與史學》，木鐸出版社，民國 76 年。

31. 杰弗里巴勒克拉夫著、楊豫譯，《當代史學之主要趨勢》，上海澤文出版社，民國 76 年。

32. 錢穆，《國史大綱》，台灣商務印書館，民國 76 年。

33. 逯耀東，《史學危機的呼聲》，聯經出版事業公司，民國 76 年。

34. 杜維運，《與西方史家論中國史學》，東大圖書公司，民國 77 年。

35. 許悼雲，《中國古代文化之特質》，聯經出版事業公司，民國 77 年。

36. 杜維運，《中國古代史學之比較》，東大圖書公司，民國 77 年。

37. 汪榮祖，《史傳通說》，聯經出版事業公司，民國 77 年。

38. 錢穆，《中國史學名著》，三民書局，民國 77 年。

39. 蔡石山，《西洋史學史》，國立編譯館，民國 77 年。

40. 蘇巴爾格著、莫潤先、陳桂榮譯，《歷史學的范疇與方法》，華夏出版社，民國 78 年。

41. 簡俊聰，《歷史學的本質》，五南圖書出版社，民國 78 年。

42. 甘特、施奈德合著、涂永清譯，《史學導論》，水牛出版社，民國 79 年。

43. 雷家驥，《中古史學觀念史》，學生書局，民國 79 年。

44. 嚴耕望，《治史經驗談》，台灣商務印書館，民國 80 年。

45. 杜維運，《史學方法論》，三民書局總經銷，民國 80 年。

四、子部及其相關研究論著

1. 陳鼓應註譯，《老子今註今譯》，台灣商務印書館。

2. 朱謙之校釋、任繼愈譯，《老子釋譯》，里仁書局。

3. 清・孫詒讓，《墨子閒詁》，華正書局。

4. 清・郭慶藩集釋，《莊子集釋》，華正書局。

5. 清・王光謙集解，《荀子集解》，世界書局。

6. 陳奇猷集解，《韓非子集解》，世界書局。

7. 漢・呂不韋,《呂氏春秋》,中華書局。

8. 漢・劉安,《淮南子》,中華書局。

9. 漢・董仲舒,《春秋繁露》,中華書局。

10. 宋・李昉等,《太平御覽》,新興書局據東京靜嘉堂文庫藏宋刊珍本影印。

11. 清・顧炎武,《日知錄》,台灣商務印書館。

12. 侯外廬主編,《中國思想通史》,北京人民出版社,1956 年。

13. 瑞德編、傅佩榮譯,《宗教哲學初探》,黎明文化事業公司,民國 73 年。

14. 錢穆,《先秦諸子繫年》,東大圖書公司,民國 75 年。

15. 勞思光,《中國哲學史》,三民書局,民國 75 年。

16. 李澤厚,《中國古代思想史論》,谷風出版社,民國 76 年。

17. 高廣孚,《哲學概論》,五南書出版公司,民國 76 年。

18. 胡適,《中國古代哲學史》,遠流出版公司,1988 年。

19. 徐復觀,《中國人性論史先秦篇》,台灣商務印書館,民國 77 年。

20. 羅素著,《西方哲學史》,五南書出版公司,民國 77 年。

21. 徐復觀,《兩漢思想史》卷一二三,學生書局,民國 78 年。

22. 鄔昆如,《哲學概論》,五南書出版公司,民國 78 年。

23. 威爾杜蘭著、國家出版社譯,《西方哲學史話》,國家出版社,民國 79 年。

24. 發吉爾主編、岳長齡等編譯,《世界哲學寶庫》,北京中國廣播電視出版社,1991 年。

五、集部及其相關研究論著

1. 周・屈原著、宋・朱熹注,《楚辭集注》,文津出版社。

2. 宋・黃震,《黃氏日鈔》,清乾隆汪氏刻本。

3. 宋・王應麟撰、清・翁元圻注,《困學紀聞注》,台灣商務印書館。

4. 金・王若虛,《滹南遺老集》,清康熙間刻本。

5. 明・歸有光,《震川文集》,中華書局。

6. 清・方苞,《方望溪先生文集》,中華書局。

7. 清・曾國藩,《曾文正公全集》,世界書局。

8. 清・王念孫,《讀書雜志》,廣文書局,民國 52 年。

9. 錢鐘書,《管錐編》,蘭馨室書齋,未載。

六、本論文所引及之專書及論文別目

1. 厲保羅編譯,〈物理基礎學〉,復文書局,民國 66 年。

2. 張式琦等,〈地略學參考論文選輯〉,中華戰略學會大陸研究會編印,民國 71 年。

3. 懷德海著、博佩榮譯,〈科學與現代世界〉,黎明文化事業公司,民國 76 年。

4. 郭紹虞,〈中國文學批評史〉,藍燈文化事業公司,民國 77 年。

5. 愛德華波諾著、謝君白譯,〈水平思考法〉,桂冠圖書公司,1992 年。

6. 湯承業,〈論劉邦之所以戰勝項羽〉,《新時代》十三卷五期,民國 62 年。

7. 蔡師信發,〈太史公思想之蠡測〉,《孔孟月刊》十八卷六期,民國 69 年 2 月。

8. 梁榮茂,〈董仲舒「天人感應」與司馬遷的「天道觀」之比較研究〉,《漢代文學與學術思想研討會論文集》,國立政治大學中文所系主編,民國 80 年 8 月。